OREZ, CONDIMENTE ȘI TOTUL DELICIOS-BIBLIA PAELLA

Descoperiți moștenirea bogată și diversele arome ale preparatului prețuit al Spaniei

NICOLAE GHIȚĂ

Drepturi de autor Material ©2023

Toate Drepturi Rezervat.

Nu parte de acest carte Mai fi folosit sau transmise în orice formă sau de orice mijloace fără cel potrivit scris consimțământ de cel editor și copyright ht proprietar, cu exceptia pentru scurt citate folosit în A revizuire. Acest carte ar trebui să nu fi considerată A substitui pentru medical, legal, sau alte profesional sfat.

CUPRINS

- CUPRINS 3
- INTRODUCERE 6
- **PAELLA PESTE SI FRUCCE DE MARE** 8
  - 1. Paella de cuscus cu creveți 9
  - 2. Paella de biban 11
  - 3. Paella Cheddar cu fructe de mare 13
  - 4. Paella cu fructe de mare din Alaska 16
  - 5. Paella cu creveți și chorizo 18
  - 6. Paella de creveți și orez 20
  - 7. Paella de scutură și midii 22
  - 8. Paella de homar 25
  - 9. Paella mixtă cu fructe de mare și pui 28
  - 10. Paella cu cerneală de calamar cu fructe de mare 30
  - 11. Paella cu homar și scoici 32
  - 12. Mixed Seafood and Chorizo Paella 34
  - 13. Paella cu scoici și cârnați 36
  - 14. Paella cu somon și sparanghel 38
- **PAELLA PĂSĂRE** 40
  - 15. Paella de pui, creveți și chorizo 41
  - 16. Oala sub presiune Paella de pui cu fructe de mare ... 44
  - 17. Paella de pui cu sparanghel 46
  - 18. Paella de pui și porumb 49
  - 19. Paella de pui la grătar, cârnați și creveți 51
  - 20. Paella de pui și fasole neagră 54
  - 21. Paella de pui și cârnați italieni 56
  - 22. Salată Paella cu pui și fructe de mare 59
  - 23. Paella de pui și fasole Lima 62
  - 24. Paella cu pui și roșii uscate la soare 64
  - 25. Paella spaniolă de pui și midii 66
  - 26. Paella de curcan și legume 69
  - 27. Paella de rață și ciuperci 71
  - 28. Cornish Hen and Chorizo Paella 73
  - 29. Paella de curcan și fructe de mare 75
- **CARNE DE VANAT PAELLA** 77
  - 30. Paella cu vânătoare și ciuperci sălbatice 78
  - 31. Paella de mistreți și chorizo 80
  - 32. Paella de fazani si legume 82
  - 33. Paella de elan și sparanghel 84
  - 34. Bizon și Paella de Legume 86
  - 35. Paella de rață și castane sălbatice 88
  - 36. Paella de prepeliță și dovleac 90
  - 37. Paella de curcan și afine sălbatice 92
  - 38. Paella de bizon și porumb 94

39. Paella de iepure și cireșe	96
40. Paella de prepeliță și ciuperci	98
41. Paella de iepure și legume	100
42. Paella de pui, iepure și chorizo	102

PASTA PAELLA 104

43. Paella Primavera	105
44. Paella de paste cu scoici și cârnați picant	107
45. Paella spaniolă cu tăiței (Fideuà)	109
46. Paste cu crustacee în stil paella	111
47. Paella cu paste cu pui și chorizo	113
48. Paella de paste cu legume și ciuperci	115
49. Creveți și Chorizo Orzo Paella	117
50. Paella de paste cu pui și fasole verde	119
51. Penne Paella cu spanac și anghinare	121
52. Paella de legume cu Orzo	123
53. Orzo Paella cu cârnați și ciuperci	125
54. Creveți și sparanghel Orzo Paella	127

PAELLA DE CARNE 129

55. Paella cu rosii verzi si bacon	130
56. Bacon și Kimchi Paella cu pui	132
57. Paella de vită și fructe de mare	135
58. Paella de porc și chorizo	137
59. Paella de miel și legume	139
60. Paella de curcan și fructe de mare	141
61. Paella de porc și fructe de mare	143
62. Paella de vită și ciuperci	145
63. Paella de vițel și mazăre verde	147
64. Paella de vită și broccoli	149

PAELLA VEGETARIAN 151

65. Paella vegetariană la grătar	152
66. Paella cu tofu afumat	155
67. Paella cu ciuperci și legume	157
68. Paella de porumb și piper	159
69. Paella cu broccoli, dovlecel și sparanghel	161
70. Paella cu anghinare și fasole	163
71. Paella cu ciuperci și anghinare	165
72. Paella cu spanac și năut	167
73. Paella cu sparanghel și roșii	169
74. Paella de vinete și măsline	171
75. Paella cu broccoli și roșii uscate la soare	173
76. Paella cu praz și ciuperci	175
77. Paella de dovleac și rodie	177
78. Paella cu cartofi dulci și fasole neagră	179

VARIAȚII REGIONALE 181

79. New Orleans Paella	182
80. West Indies Paella	185

81. Paella de orez Jollof din Africa de Vest 187
82. Paella alla Valenciana 189
83. Paella în stil mexican 191
84. Paella spaniolă de coastă 193
85. Pacific Paella 195
86. Paella catalană 197
87. Paella în stil portughez 199
88. Southwest Paella 202
89. Aragon Mountain Paella 205
90. Paella cu fructe de mare bască (Marmitako) 207
91. Arroz a Banda - din Alicante 209
92. Sephardic Seafood Paella (Arroz de Pesaj) 211

PAELLA DE FRUCTE **213**
93. Paella cu mango și caju 214
94. Paella de ananas și nucă de cocos 216
95. Paella cu portocale și migdale 218
96. Paella cu mere și stafide 220
97. Paella de smochine și nuci 222
98. Paella cu pere și gorgonzola 224
99. Paella cu zmeură și brie 226
100. Paella cu kiwi și nuci de macadamia 228

CONCLUZIA **230**

INTRODUCERE

Pășește-te în lumea vibrantă a paellei, unde fiecare bob de orez spune o poveste, iar fiecare condiment contribuie la o simfonie de gusturi care dansează pe gură. „Orez, condimente și tot ce este frumos: Biblia Paella" nu este doar o carte de bucate; este o călătorie culinară care vă invită să explorați moștenirea bogată și diversele arome ale felului de mâncare îndrăgit al Spaniei. Paella, adânc înrădăcinată în tradiția spaniolă, este mai mult decât o masă - este o experiență care adună oamenii în jurul unei mese comune, favorizând o sărbătoare a vieții, a iubirii și a plăcerii absolute a bucătăriei excepționale.

În timp ce ne îmbarcăm în această expediție culinară, imaginează-ți peisajele sărutate de soare ale Spaniei, unde parfumul șofranului se amestecă cu briza mării, iar sfârâitul ritmic al tigăilor pentru paella răsună prin piețele pline de viață și adunările de familie. În „Rice, Spice, and Everything Nice", ne adâncim în inima paellei, dezvăluind semnificația sa culturală și dezvăluind secretele care o transformă dintr-un fel de mâncare într-o icoană culturală.

Această carte de bucate îți servește drept pașaport pentru a deveni maestru de paella, indiferent de expertiza ta culinară. Indiferent dacă mânuiți un cuțit de bucătar experimentat sau faceți primii pași în bucătărie, alăturați-vă nouă în timp ce explorăm istoria, variațiile regionale, ingredientele esențiale și tehnicile de gătit care fac din fiecare paella o capodopera culinară. Aici, nu numai că vă veți perfecționa abilitățile de gătit, ci și vă veți scufunda în culorile vibrante și aromele tentante ale bucătăriei spaniole autentice.

Așadar, lăsați călătoria în lumea „Orezului, mirodeniei și tot ce este frumos". De la rețete tradiționale transmise de-a lungul generațiilor până la răsturnări moderne care împing limitele aromei, această biblie pentru paella este ghidul tău cuprinzător. Indiferent dacă sunteți atras de alura atemporală a unui clasic din Valencia sau tentat de variații inovatoare, aceste pagini sunt o comoară de inspirație culinară, care vă invită să vă transformați bucătăria într-un paradis spaniol de arome.

Fie ca aventura ta culinară să fie la fel de savuroasă și împlinitoare ca o paella perfect gătită. Iată bucuria de a găti, încântarea descoperirii și bogata tapiserie de gusturi care vă așteaptă în lumea captivantă a măiestriei paellei.

PAELLA PESTE SI FRUCCE DE MARE

1. Paella de cuscus cu creveti

INGREDIENTE:
- ½ kilogram de piept de pui dezosat și decojit, tăiat în bucăți de ½ inch
- ¼ cană apă
- 1 (1½ uncie) cutie de bulion de pui
- ¾ de kilograme de creveți proaspeți de mărime medie, decojiți și devenați
- ½ cană mazăre verde congelată
- ⅓ cană ardei gras roșu tocat
- ⅓ cană ceapă verde tăiată subțire
- 2 catei de usturoi, tocati
- ½ lingurita sare
- ¼ lingurita de piper
- Un strop de șofran măcinat
- 1 cană de cușcuș nefiert

INSTRUCȚIUNI:
a) Combinați puiul, apa și bulionul de pui într-o caserolă de 2 litri. Acoperiți cu un capac.
b) Puneți la microunde la putere maximă timp de 4-5 minute.
c) Se amestecă creveții și următoarele 7 ingrediente (mazăre, ardei gras roșu, ceapă verde, usturoi, sare, piper și șofran). Acoperiți și puneți la microunde pentru încă 3½-4½ minute sau până când creveții devin roz și sunt gătiți.
d) Se amestecă cușcușul, se acoperă și se lasă să stea 5 minute.

2. Paella de biban de mare

INGREDIENTE:
- 5 uncii de orez sălbatic
- 2 uncii de mazăre
- 1 ardei gras rosu, fara samburi si tocat
- 14 uncii de vin alb sec
- 3½ uncii supa de pui
- File de biban de mare de 1 kg, cuburi
- 6 scoici
- 8 creveți, decojiți și devenați
- Sare si piper negru dupa gust
- Un strop de ulei de măsline

INSTRUCȚIUNI:
a) Într-un vas termorezistent care se potrivește cu friteuza cu aer, puneți toate ingredientele și aruncați.
b) Puneți vasul în friteuza cu aer și gătiți la 380 de grade F și gătiți timp de 25 de minute, amestecând la jumătate.
c) Împărțiți în farfurii și serviți.

3. Fructe de mare Cheddar Paella

INGREDIENTE:

- 12 scoici mici în cochilie
- 2 kg de creveți, decojiți și devenați
- 4 linguri ulei de masline
- 1 lingura de unt
- 1 cană de orez cu bob lung
- 1 lingurita Sare
- 1 frunză de dafin
- 1 cub de bulion de pui
- 20 catei de usturoi, tocati marunt
- 2 cepe medii, tocate mărunt
- 2 ardei verzi, tocati marunt
- 2 rosii mari, curatate si tocate
- ½ cană măsline umplute cu Pimiento, feliate
- 2 lingurite Boia
- ⅛ linguriță de piper Cayenne
- 1 ½ cană de brânză Cheddar, rasă

INSTRUCȚIUNI:

a) Începeți prin a spăla bine scoici și creveți. Puneți scoicile într-o cratiță cu 6 căni de apă și aduceți la fierbere. Adaugati crevetii si gatiti la foc iute, acoperiti, timp de 5 minute. Luați de pe foc, turnați lichidul de crustacee pentru a face 2 ¼ căni și lăsați deoparte scoicile și creveții în bulionul rămas pentru a le menține calde.

b) Încinge 2 linguri de ulei de măsline și untul într-o cratiță de 3 litri. Adăugați orezul și amestecați pentru a-l acoperi bine. Adăugați cele 2 ¼ căni de lichid rezervate, sare, frunza de dafin și cubul de bulion de pui. Se aduce la fierbere, se reduce focul și se fierbe, acoperit, fără a amesteca, timp de 25 de minute.

c) Preîncălziți cuptorul la 375 ° F (190 ° C). Între timp, în 2 linguri de ulei de măsline încins, într-un cuptor olandez, căliți usturoiul, ceapa și ardeiul verde tocate mărunt până când ardeiul verde este fraged, ceea ce ar trebui să dureze aproximativ 10 minute. Tăiați roșiile și adăugați-le la legumele sotate, împreună cu măslinele, boia de ardei și cayenne. Gatiti inca 5 minute, pastrandu-l cald.

d) Scurgeți crustaceele și adăugați-le, împreună cu orezul fiert, la amestecul de roșii. Amestecați ușor pentru a amesteca ingredientele. Transferați amestecul într-o tigaie pentru paella sau într-o caserolă mică de 4 litri. Presarati branza Cheddar rasa deasupra.

e) Coaceți în cuptorul preîncălzit timp de 10-15 minute, sau până când brânza este topită și clocotită.

4. Paella cu fructe de mare din Alaska

INGREDIENTE:
- 213 grame de somon roșu de Alaska conservat
- 2 linguri ulei de masline
- 1 cățel de usturoi, zdrobit
- 1 ceapa mica, tocata marunt
- 1 praz, curățat și tăiat felii
- 100 de grame de orez cu bob lung
- 100 de grame de creveți decojiți
- 100 de grame Midii în saramură, scurse sau midii proaspete în coajă
- 375 ml bulion de legume sau pui
- ½ Lămâie, suc
- ½ linguriță Sofran măcinat sau turmeric măcinat
- 2 rosii, curatate de coaja, fara samburi si tocate
- 10 creveți întregi fierți
- Felii de lămâie pentru decor

INSTRUCȚIUNI:

a) Începeți prin a scurge somonul conservat, rezervând sucul și lăsați-l deoparte.

b) Într-o tigaie mare, încălziți uleiul de măsline, apoi căliți usturoiul zdrobit, ceapa tocată și prazul tăiat felii timp de aproximativ 5 minute până devin fragezi.

c) Se amestecă orezul cu bob lung, creveții decojiți, midiile (fie conservate în saramură sau proaspete în coajă), sucul de somon rezervat, supa de legume sau de pui, sucul de lămâie și șofranul (sau turmeric dacă îl folosiți ca înlocuitor) . Se amestecă totul bine, se aduce amestecul la fierbere, apoi se reduce focul la fiert. Lăsați-l să se gătească timp de 15-20 de minute sau până când lichidul este absorbit în mare parte de orez.

d) Odată ce orezul este gata, adăugați ușor roșiile tocate și somonul din conserva, rupte în fulgi mari.

e) Transferați felul de mâncare aromat pe un platou de servire și decorați-l cu creveți fierți și felii de lămâie. Servește imediat preparatul tău de orez cu fructe de mare din Alaska. Bucurați-vă!

5. Paella de creveți și chorizo

INGREDIENTE:
- 6 uncii chorizo spaniol uscat, tocat
- 1½ cani ceapa galbena tocata
- 1 cana ardei gras rosu tocat
- 1½ cani de orez brun cu bob mediu nefiert
- 3 catei de usturoi, tocati
- ½ cană de vin alb sec
- 2 cani de supa de pui nesarat
- Cubulețe de 14½ uncii de roșii tăiate cubulețe, fără sare adăugată, prăjite la foc
- 1¼ linguriță sare kosher
- ½ linguriță de turmeric măcinat
- 1½ kilograme de creveți cruzi, curățați și devenați
- 1½ cani de mazare dulce congelata, dezghetata
- 2 linguri de pătrunjel proaspăt cu frunze plate tocat
- 1 lămâie, tăiată în 6 felii

INSTRUCȚIUNI:
a) Se încălzește o tigaie antiaderentă la foc mediu; adăugați chorizo-ul și gătiți, amestecând din când în când, până când cârnații se rumenesc, aproximativ 5 minute. Scoateți chorizo-ul din tigaie cu o lingură cu fantă, păstrând picăturile în tigaie; scurgeți chorizo-ul pe prosoape de hârtie.

b) Adăugați ceapa și ardeiul gras la picuraturile rezervate în tigaie; gatiti, amestecand din cand in cand pana se inmoaie usor, aproximativ 5 minute.

c) Adăugați orezul și usturoiul; gatiti, amestecand des, pana cand orezul este usor prajit, aproximativ 1 minut. Se adauga vinul si se ia de pe foc. Se toarnă într-un Crockpot de 6 litri; se amestecă bulionul, roșiile, sarea, turmeric și chorizo. Acoperiți și gătiți la foc mare până când orezul este fraged și lichidul este aproape absorbit aproximativ 3 ore.

d) Se amestecă creveții și mazărea; acoperiți și gătiți la foc mare până când creveții devin roz, 10 până la 15 minute. Împărțiți amestecul în 6 farfurii; se presara uniform patrunjel si se serveste cu felii de lamaie.

6. Paella de creveți și orez

INGREDIENTE:
- 32 uncii de creveți prinși sălbatici congelați
- 16 uncii de orez iasomie
- 4 uncii de unt
- 4 uncii patrunjel proaspăt tocat
- 2 lingurite sare de mare
- ½ lingurita piper negru
- 2 vârfuri de ardei roșu zdrobit
- 2 lămâi medii, suc
- 2 vârfuri de șofran
- 24 uncii bulion de pui
- 8 catei de usturoi, tocati

INSTRUCȚIUNI:
a) Adăugați toate ingredientele în vasul instant.
b) Puneți creveții deasupra.
c) Acoperiți și fixați capacul. Rotiți mânerul de eliberare a presiunii în poziția de etanșare.
d) Gătiți în funcția „Manual" cu presiune mare timp de 10 minute.
e) După semnal sonor, faceți o eliberare naturală timp de 7 minute.
f) Dacă este necesar, îndepărtați cojile creveților și apoi adăugați creveții înapoi în orez.
g) Se amestecă și se servește cald.

7. Paella de scoduță și scoici

INGREDIENTE:
- 1 kilogram de midii proaspete
- 150 ml vin alb sec sau apă
- Un praf de șuvițe de șofran
- 900 ml supa de peste fierbinte
- 6 linguri ulei de masline
- Fileuri de 1 kilogram de monută, tăiate în bucăți
- 1 ceapa, tocata
- 2 catei de usturoi, macinati
- 1 conserve (185g) piment roșu, tăiat fâșii
- 2 roșii mari coapte, tăiate grosier
- 350 de grame de orez Valencia sau risotto
- Sare si piper
- 100 de grame de mazăre fiartă
- Roți de lămâie și pătrunjel proaspăt tocat pentru decor

INSTRUCȚIUNI:

a) Curățați midiile și clătiți-le în apă rece, aruncându-le pe cele cu coji sparte sau deschise. Puneți-le într-o cratiță mare cu vinul alb sau apă și gătiți la foc mare timp de 3-4 minute, scuturând tigaia din când în când, până când scoicile se deschid. Scurgeți-le într-o strecurătoare peste un castron pentru a colecta lichidul de gătit. Aruncați toate midiile care rămân închise.
b) Puneți șofranul într-un castron mic și turnați peste 2-3 linguri de supa de pește fierbinte. Se lasă la infuzat 20 de minute.
c) Încinge uleiul de măsline într-o tigaie mare și prăjește mocheta timp de 5 minute. Scoateți mocheta cu o lingură cu fantă și puneți-o deoparte.
d) Adăugați ceapa tocată, usturoiul zdrobit și fâșiile de piment în tigaie și prăjiți timp de 10 minute la foc iute. Adăugați roșiile tăiate grosier și prăjiți încă 5 minute, sau până când amestecul se îngroașă.
e) Se amestecă orezul până când este acoperit cu amestecul de ceapă. Întoarceți șoferul în tigaie, apoi turnați supa de pește, lichidul de gătit pentru scoici, șofranul și condimentele. Gatiti vioi cateva minute, apoi scadeti focul si gatiti 15-20 de minute fara a amesteca, pana ce orezul si pestele sunt fragezi.
f) Scoateți majoritatea scoicilor din coajă, lăsând câteva în coajă.
g) Adăugați scoicile decojite și mazărea fiartă la orez. Amestecați și adăugați mai mult bulion dacă este necesar.
h) Opriți focul, acoperiți cu un prosop și lăsați să stea 3-4 minute.
i) Serviți paella dintr-o dată, ornata cu scoicile rezervate în coajă, felii de lămâie și pătrunjel proaspăt tocat.

8. Paella de homar

INGREDIENTE:

- ¼ cană ulei de măsline bun
- 1 ½ cani ceapa galbena tocata (2 cepe)
- 2 ardei gras roșii, fără miez și tăiați în fâșii de ½ inch
- 2 linguri de usturoi tocat (4 până la 6 căței)
- 2 cani de orez basmati alb
- 5 cani de supa bun de pui, de preferat de casa
- ½ linguriță fire de șofran, zdrobite
- ¼ de linguriță fulgi de ardei roșu mărunțiți
- 1 lingură sare kosher
- 1 lingurita piper negru proaspat macinat
- ⅓ cană de lichior cu aromă de lemn dulce (recomandat: Pernod)
- 1 ½ kilograme de carne de homar fiartă
- 1 kilogram kielbasa, feliat de ¼ până la ½ inch grosime
- 1 pachet (10 uncii) de mazăre congelată
- 1 lingură frunze de pătrunjel proaspăt tocate
- 2 lămâi, tăiate felii

INSTRUCȚIUNI:

a) Preîncălziți cuptorul la 425 de grade F (220 de grade C).
b) Într-un cuptor olandez mare rezistent la cuptor, încălziți uleiul de măsline la foc mediu-mic. Adăugați ceapa tocată și gătiți aproximativ 5 minute, amestecând din când în când.
c) Adăugați ardeiul gras roșu și gătiți la foc mediu încă 5 minute.
d) Reduceți focul, adăugați usturoiul tocat și gătiți încă 1 minut.
e) Se amestecă orezul basmati alb, bulionul de pui, firele de șofran zdrobite, fulgii de ardei roșu zdrobiți, sare kosher și piper negru proaspăt măcinat. Aduceți amestecul la fierbere.
f) Acoperiți oala și puneți-o în cuptorul preîncălzit. După 15 minute, amestecați ușor orezul cu o lingură de lemn și puneți-l înapoi la cuptor pentru a se coace neacoperit pentru încă 10 până la 15 minute sau până când orezul este complet fiert și a absorbit lichidul.
g) Transferați paella înapoi pe plită și adăugați lichiorul cu aromă de lemn dulce. Gatiti paella la foc mediu timp de 1 minut, lasand lichiorul sa fie absorbit de orez.
h) Opriți focul și adăugați carnea de homar fiartă, kielbasa și mazărea congelată. Se amestecă ușor pentru a se combina.
i) Acoperiți paella și lăsați-o să se aburească timp de 10 minute.
j) Se presară pătrunjel proaspăt tocat și se ornează cu felii de lămâie.

9. Paella mixtă cu fructe de mare și pui

INGREDIENTE:
- 2 căni de orez paella
- 1/2 kg pulpe de pui, dezosate și fără piele, tăiate cubulețe
- 1/2 kilogram amestec de fructe de mare (scoci, creveți, calmar)
- 1 ceapa, tocata marunt
- 3 catei de usturoi, tocati
- 1 ardei gras rosu, feliat
- 1 rosie, tocata
- 4 cesti supa de pui
- 1 lingurita boia afumata
- 1/2 linguriță fire de șofran
- Sare si piper dupa gust
- 1/4 cană ulei de măsline

INSTRUCȚIUNI:
a) Într-o tigaie pentru paella, încălziți ulei de măsline la foc mediu. Adăugați puiul tăiat cubulețe și gătiți până se rumenește.
b) Adăugați ceapa și usturoiul tocate; se caleste pana se inmoaie.
c) Se adaugă orezul paella, ungându-l cu ulei și amestecând cu puiul.
d) Adauga boia afumata, fire de sofran si rosiile tocate. Se toarnă în bulion de pui.
e) Aranjați fructele de mare amestecate peste orez și gătiți până când orezul este aproape gata.
f) Asezonați cu sare și piper. Acoperiți tigaia și lăsați-o să fiarbă până când orezul este complet fiert.
g) Se serveste fierbinte.

10. Paella cu cerneală de calamar cu fructe de mare

INGREDIENTE:
- 2 căni de orez cu bob scurt
- 1/2 kilogram de calmar, curățat și feliat
- 1/2 kg de creveți mari, curățați și devenați
- 1 ceapa, tocata marunt
- 3 catei de usturoi, tocati
- 1 ardei gras rosu, feliat
- 2 roșii, răzuite
- 4 cesti supa de peste sau fructe de mare
- 2 lingurițe de cerneală de calmar
- 1/2 cană vin alb sec
- Sare si piper dupa gust
- 1/4 cană ulei de măsline

INSTRUCȚIUNI:
a) Într-o tigaie pentru paella, încălziți ulei de măsline la foc mediu. Adăugați ceapa și usturoiul tocate; se caleste pana devine translucida.
b) Adăugați calmarul și creveții tăiați felii; gătiți până când fructele de mare se rumenesc ușor.
c) Se amestecă orezul cu bob scurt, ungându-l cu ulei și amestecând cu fructele de mare.
d) Adăugați roșiile ras, ardeiul gras roșu feliat și cerneala de calmar. Se toarnă bulion de pește sau fructe de mare și vin alb.
e) Asezonați cu sare și piper. Gatiti pana cand orezul este aproape gata.
f) Acoperiți tigaia și lăsați-o să fiarbă până când orezul este complet fiert.
g) Se serveste fierbinte.

11. Paella cu homar și scoici

INGREDIENTE:
- 2 căni de orez Valencia
- 1 homar, fiert și tocat în bucăți
- 1/2 kg scoici de mare
- 1 ceapa, tocata marunt
- 3 catei de usturoi, tocati
- 1 ardei gras galben, feliat
- 1 cană de roșii cherry, tăiate la jumătate
- 4 cesti supa de peste sau fructe de mare
- 1 lingurita boia dulce
- Un praf de fire de sofran
- Sare si piper dupa gust
- 1/4 cană ulei de măsline

INSTRUCȚIUNI:
a) Într-o tigaie pentru paella, încălziți ulei de măsline la foc mediu. Adăugați ceapa și usturoiul tocate; se caleste pana se inmoaie.
b) Adăugați orezul Valencia, amestecând pentru a acoperi orezul în ulei.
c) Se amestecă boia dulce și fire de șofran. Adăugați ardeiul gras galben și roșiile cherry.
d) Se toarnă în bulion de pește sau fructe de mare. Asezonați cu sare și piper.
e) Aranjați bucățile de homar și scoici peste orez. Gatiti pana cand orezul este aproape gata.
f) Acoperiți tigaia și lăsați-o să fiarbă până când orezul este complet fiert.
g) Se serveste fierbinte.

12. Paella mixtă cu fructe de mare și chorizo

INGREDIENTE:
- 2 căni de orez Calasparra
- 1/2 kilogram amestec de fructe de mare (scoci, scoici, creveți)
- 1/2 kilogram de cârnați chorizo, feliați
- 1 ceapa, tocata marunt
- 3 catei de usturoi, tocati
- 1 ardei gras verde, feliat
- 1 cană roșii zdrobite
- 4 cesti supa de pui sau peste
- 1 lingurita boia afumata
- Sare si piper dupa gust
- 1/4 cană ulei de măsline

INSTRUCȚIUNI:
a) Într-o tigaie pentru paella, încălziți ulei de măsline la foc mediu. Adăugați ceapa și usturoiul tocate; se caleste pana devine translucida.
b) Adăugați chorizo tăiat felii și gătiți până se rumenesc.
c) Amestecați orezul Calasparra, acoperindu-l cu ulei și amestecând cu chorizo.
d) Adăugați roșiile zdrobite și ardeiul gras verde feliat. Se toarnă în bulion de pui sau de pește.
e) Se condimentează cu boia afumată, sare și piper.
f) Aranjați fructele de mare amestecate peste orez și gătiți până când orezul este aproape gata.
g) Acoperiți tigaia și lăsați-o să fiarbă până când orezul este complet fiert.
h) Se serveste fierbinte.

13. Paella de scoici și cârnați

INGREDIENTE:
- 2 căni de orez cu bob mediu
- 1 kilogram de scoici, curățate
- 1/2 kg chorizo spaniol, feliat
- 1 ceapa, tocata marunt
- 3 catei de usturoi, tocati
- 1 ardei gras galben, taiat cubulete
- 1 cană de vin alb sec
- 4 cesti supa de pui sau peste
- 1 lingurita boia
- Un praf de fire de sofran
- Sare si piper dupa gust
- 1/4 cană ulei de măsline

INSTRUCȚIUNI:
a) Într-o tigaie pentru paella, încălziți ulei de măsline la foc mediu. Adăugați ceapa și usturoiul tocate; se caleste pana se inmoaie.
b) Adăugați chorizo tăiat felii și gătiți până se rumenesc.
c) Se amestecă orezul cu bob mediu, ungându-l cu ulei și amestecând cu chorizo.
d) Adăugați ardei gras galben tăiat cubulețe. Se toarnă vin alb sec și bulion de pui sau pește.
e) Asezonați cu boia de ardei, fire de șofran, sare și piper.
f) Aranjați scoici curățate peste orez și gătiți până când orezul este aproape gata.
g) Acoperiți tigaia și lăsați-o să fiarbă până când orezul este complet fiert.
h) Se serveste fierbinte.

14. Paella cu somon și sparanghel

INGREDIENTE:
- 2 căni de orez cu bob scurt
- 1 kg file de somon, tăiate în bucăți
- 1/2 kilogram de sparanghel, tăiat și tăiat în bucăți
- 1 ceapa, tocata marunt
- 3 catei de usturoi, tocati
- 1 ardei gras rosu, feliat
- 1 cană de roșii cherry, tăiate la jumătate
- 4 căni de pește sau bulion de legume
- 1 lingurita boia afumata
- Un praf de fire de sofran
- Sare si piper dupa gust
- 1/4 cană ulei de măsline

INSTRUCȚIUNI:
a) Într-o tigaie pentru paella, încălziți ulei de măsline la foc mediu. Adăugați ceapa și usturoiul tocate; se caleste pana se inmoaie.
b) Adăugați orez cu bob scurt, amestecând pentru a acoperi orezul în ulei.
c) Se amestecă boia de ardei afumată și fire de șofran. Adăugați ardeiul gras roșu și roșiile cherry.
d) Se toarnă pește sau bulion de legume. Asezonați cu sare și piper.
e) Aranjați bucățile de somon și sparanghelul peste orez. Gatiti pana cand orezul este aproape gata.
f) Acoperiți tigaia și lăsați-o să fiarbă până când orezul este complet fiert.
g) Se serveste fierbinte.

PAELLA DE PĂSĂRI

15. Paella de pui, creveți și chorizo

INGREDIENTE:
- ½ linguriță fire de șofran, zdrobite
- 2 linguri ulei de masline
- 1 kilogram de pulpe de pui fără piele și dezosate, tăiate în bucăți de 2 inci
- 4 uncii cârnați chorizo gătiți, afumat în stil spaniol, feliați
- 1 ceapa medie, tocata
- 4 catei de usturoi, tocati
- 1 cana rosii rasi grosier
- 1 lingura boia dulce afumata
- 6 căni de bulion de pui cu conținut redus de sodiu
- 2 căni de orez spaniol cu bob scurt, cum ar fi Bomba, Calasparra sau Valencia
- 12 creveți mari, decojiți și devenați
- 8 uncii de mazăre congelată, decongelată
- Masline verzi tocate (optional)
- Pătrunjel italian tocat

INSTRUCȚIUNI:

a) Într-un castron mic, combinați șofranul și ¼ de cană de apă fierbinte; se lasa sa stea 10 minute.
b) Între timp, într-o tigaie pentru paella de 15 inchi, încălziți uleiul la foc mediu-mare. Adăugați puiul în tigaie. Gătiți, întorcând din când în când, până când puiul se rumenește, aproximativ 5 minute.
c) Adăugați chorizo. Gatiti inca 1 minut. Transferați totul pe o farfurie.
d) Adăugați ceapa și usturoiul în tigaie. Gatiti si amestecati 2 minute. Adăugați roșiile și boia de ardei. Gatiti si amestecati inca 5 minute sau pana cand rosiile se ingroasa si aproape ca o pasta.
e) Puneți puiul și chorizo-ul în tigaie. Adăugați bulion de pui, amestecul de șofran și ½ linguriță de sare; se aduce la fierbere la foc mare.
f) Adăugați orezul în tigaie, amestecând o dată pentru a se distribui uniform. Gatiti, fara a amesteca, pana cand orezul a absorbit cea mai mare parte din lichid, aproximativ 12 minute. (Dacă tigaia este mai mare decât arzătorul, rotiți la fiecare câteva minute pentru a vă asigura că orezul se gătește uniform.)
g) Reduceți căldura la minim. Gatiti, fara a amesteca, inca 5-10 minute pana cand tot lichidul este absorbit si orezul este al dente. Acoperiți cu creveți și mazăre.
h) Dați căldura la mare. Gatiti fara a amesteca, inca 1-2 minute (marginile ar trebui sa arate uscate, iar pe fund ar trebui sa se formeze o crusta). Elimina. Acoperiți tava cu folie.
i) Lăsați să se odihnească 10 minute înainte de servire. Acoperiți cu măsline, dacă doriți, și pătrunjel.

16. Oala sub presiune Paella de pui cu fructe de mare

INGREDIENTE:

- 1½ kg părți de pui, decojite, tăiate în bucăți de 2 inci
- ½ lingurita sare (divizata)
- ¼ lingurita piper alb
- 1 lingura ulei de masline
- ½ cană ceapă tăiată cubulețe
- 2 catei de usturoi, tocati
- 1 ardei gras verde mediu, tăiat în pătrate de 1 inch
- 1 cană de roșii zdrobite din conserva
- 4 uncii de orez cu bob lung, nefiert
- ¾ cană apă
- 1 pachet bulion instant de pui și amestec de condimente
- ¼ lingurita maghiran
- ⅛ linguriță de șofran întreg (opțional)
- 5 uncii de creveți decojiți și devenați
- 12 scoici mici în coajă, curățate sau 4 uncii de scoici tocate (conserve), scurse

INSTRUCȚIUNI:

a) Se presară bucățile de pui cu ¼ de linguriță de sare și piper alb. Pus deoparte.
b) Într-o oală sub presiune de 4 litri, încălziți uleiul de măsline. Se adauga ceapa taiata cubulete si usturoiul tocat si se calesc 2 minute.
c) Adăugați puiul și continuați să sotiți încă 3 minute.
d) Se amestecă ardeiul verde, roșiile zdrobite și orezul.
e) Adăugați apa, amestecul instant de bulion de pui, maghiranul și șofranul (dacă doriți). De asemenea, adăugați ¼ de linguriță de sare rămasă. Se amestecă pentru a combina.
f) Închideți bine capacul oalei sub presiune. Așezați regulatorul de presiune ferm pe conducta de aerisire și încălziți până când regulatorul începe să se balanseze ușor.
g) Gatiti la 15 lire de presiune timp de 5 minute.
h) Țineți oala sub presiune sub jet de apă rece pentru a reduce presiunea.
i) Scoateți capacul și amestecați creveții și scoici în amestecul de orez.
j) Închideți aragazul din nou și gătiți la 15 lire de presiune pentru încă 3 minute.
k) Reduceți presiunea sub jet de apă rece.
l) Folosind o furculiță, pufează orezul înainte de servire.

17. Paella de pui cu sparanghel

INGREDIENTE:
- ¾ de liră sparanghel
- 1 kg Carne de pui, tăiată cubulețe
- ⅛ linguriță de piper
- 2 linguri ulei de măsline
- Ceapa mare
- Vin alb (sec)
- 1 ½ cană de orez (bob lung)
- ½ cană Pimiento sau clopot roșu fript
- 1 cană de apă
- ¾ cană mazăre dulce
- ¾ de lira de broccoli
- ⅛ linguriță de sare
- 3 linguri de faina
- ½ kilogram de dovlecel, tăiat cubulețe de ½ inch
- 1 catel de usturoi, presat
- 1 kg Roșii, cotlet, semințe, coajă
- 1 praf de Cayenne
- 1 cană bulion de pui (14 ½ uncii)
- ½ linguriță de șofran

INSTRUCȚIUNI:

a) Scoateți și aruncați capetele dure ale sparanghelului. Tăiați vârfurile în lungimi de 2 inci și lăsați deoparte. Tăiați tulpinile în felii de ¼ inch grosime. Tăiați buchețelele de broccoli și lăsați-le deoparte cu vârfuri de sparanghel. Curățați tulpinile, sferturi pe lungime și tăiați-le în bucăți de aceeași dimensiune ca feliile de sparanghel.

b) Gătiți sparanghelul feliat și broccoli într-o oală cu apă clocotită timp de 3 minute sau până când abia se înmoaie. Scurgeți și puneți deoparte.

c) Stropiți puiul cu sare și piper. Rulați în făină și umbriți excesul. Se încălzește 1 lingură de ulei într-o tigaie lată antiaderentă la foc mediu-înalt.

d) Adăugați puiul și gătiți timp de 3 minute pe fiecare parte sau până când se rumenește ușor. Scoateți puiul din tigaie și lăsați-l deoparte.

e) Adăugați lingura de ulei rămasă în tigaie. Adăugați dovlecelul și gătiți la foc mediu-mare timp de 4 sau 5 minute sau până se rumenesc ușor. Scoateți din tigaie cu o lingură cu șuruburi și lăsați deoparte.

f) Adăugați ceapa și usturoiul în picuraturile din tigaie. Se amestecă o dată și se adaugă vinul. Apoi acoperiți și gătiți la foc mic timp de 10 minute sau până când ceapa este moale și lichidul a fost absorbit. Se amestecă roșiile și se gătesc, neacoperit, timp de 4 minute. Se amestecă orezul și cayenne.

g) Transferați amestecul de orez într-o caserolă largă, puțin adâncă, de 4 litri. Adăugați sparanghelul și broccoli albiți, puiul, dovlecelul și ardeiul gras prăjit. În acest moment, puteți acoperi și pune la frigider până la 8 ore

h) Într-o tigaie, aduceți bulionul de pui și apa la fiert. Se amestecă șofranul. Se toarnă peste amestecul de orez. Acoperiți strâns caserola cu folie. Coaceți într-un cuptor preîncălzit la 350 F timp de 40 de minute. Adăugați mazărea și amestecați ușor în orez cu două furculițe. Acoperiți și coaceți încă 10 sau 15 minute sau până când orezul este fraged și tot lichidul este absorbit.

i) Când orezul este gata, gătiți vârfurile de sparanghel și buchetele de broccoli într-o oală cu apă clocotită timp de 4 minute sau până când abia se înmoaie. Scurgeți și aranjați ca garnitură peste orez.

18. Paella de pui și porumb

INGREDIENTE:
- 2 căni de orez Bomba
- 1 kg piept de pui, dezosat și fără piele, tăiat în bucăți
- 1 ceapa, tocata marunt
- 3 catei de usturoi, tocati
- 1 cană boabe de porumb
- 1 ardei gras galben, feliat
- 4 cesti supa de pui
- 1 lingurita boia
- Un praf de fire de sofran
- Sare si piper dupa gust
- 1/4 cană ulei de măsline

INSTRUCȚIUNI:
a) Într-o tigaie pentru paella, încălziți ulei de măsline la foc mediu. Adăugați ceapa și usturoiul tocate; se caleste pana se inmoaie.
b) Adăugați bucăți de pui și gătiți până se rumenesc.
c) Se amestecă orezul Bomba, ungendu-l cu ulei și amestecând cu puiul.
d) Adăugați boabe de porumb și ardei gras galben feliat. Se toarnă în bulion de pui.
e) Asezonați cu boia de ardei, fire de șofran, sare și piper.
f) Gatiti pana cand orezul este aproape gata. Acoperiți tigaia și lăsați-o să fiarbă până când orezul este complet fiert.
g) Se serveste fierbinte.

19. la grătar , cârnați și creveți

INGREDIENTE:

- 2 kg Aripioare sau pulpe de pui
- 2 linguri plus ¼ cană ulei de măsline extravirgin, împărțit
- Sare si piper negru, dupa gust
- Legături de cârnați de usturoi de 1 kg
- 1 ceapa mare, tocata
- 2 ardei gras roșii mari, fără semințe și tăiați fâșii subțiri
- 4 catei de usturoi, tocati
- 1 conserve (14 uncii) de roșii tăiate cubulețe, nescurcate
- 4 căni de orez nefiert
- ¾ de kilogram de aripioare de pui
- ½ kg Creveți mari, curățați și devenați, cu cozile intacte
- 1 ½ cani de mazare congelata
- 1 cutie (14 uncii) bulion de pui
- 2 lămâi, tăiate felii
- 2 tigăi ovale de folie de unică folosință (17x13x3")

INSTRUCȚIUNI:

a) Ungeți puiul cu 2 linguri de ulei de măsline și asezonați cu sare și piper negru.
b) Prăjiți puiul și cârnații pe un grătar acoperit, peste cărbuni încinși, timp de 15 până la 20 de minute, sau până când sucul de pui curge limpede și cârnații nu mai sunt roz. Întoarceți-le la fiecare 5 minute. După grătar, tăiați cârnații în bucăți de 2 inci.
c) Încinge restul de ¼ de cană de ulei într-o tigaie mare la foc mediu-mare. Adăugați ceapa tocată, ardeiul gras și usturoiul tocat. Gatiti si amestecati aproximativ 5 minute, sau pana cand legumele sunt fragede.
d) Adăugați roșiile tăiate cubulețe nescurcate, 1 ½ linguriță de sare și ½ linguriță de piper negru. Gatiti aproximativ 8 minute pana cand amestecul se ingroasa, amestecand des.
e) Combinați amestecul de ceapă și orezul într-una dintre tigăile de folie, răspândindu-l uniform. Aranjați puiul la grătar, cârnații, fructele de mare și mazărea peste orez.
f) Într-o cratiță de 3 litri, aduceți bulionul de pui și 6 căni de apă la fiert. Puneți tava de folie cu orezul și alte ingrediente pe grătar peste cărbuni medii. Se toarnă imediat amestecul de bulion clocotit peste orez.
g) Prăjiți paella pe grătarul acoperit timp de aproximativ 20 de minute până când lichidul este absorbit. Nu amestecați. Se acopera cu folie si se lasa sa stea 10 minute.
h) Se ornează cu felii de lămâie și se servește.

20. Paella de pui și fasole neagră

INGREDIENTE:
- 1 pachet (7,25 uncii) Rice-a-Roni - Rice Pilaf
- ¾ de kilograme de piept de pui dezosat, fără piele, feliat subțire
- 1 cana ceapa tocata
- 2 catei de usturoi, tocati
- ¾ linguriță turmeric măcinat
- ⅛ până la ¼ de linguriță sos de ardei iute
- 1 conserve (15 uncii) de fasole neagră, scursă și clătită
- 1 ½ cani de mazare congelata
- 1 roșie medie, fără semințe și tocată

INSTRUCȚIUNI:
a) Într-o tigaie mare, căliți amestecul de orez-vermicelli conform instrucțiunilor de pe ambalaj. Se amestecă 2 căni de apă, puiul (sau carnea de porc), ceapa tocată, usturoiul tocat, turmeric măcinat, sos de ardei iute și conținutul pachetului de condimente. Aduceți amestecul la fierbere la foc mare.
b) Acoperiți tigaia și reduceți focul la mic. Se fierbe timp de 8 minute.
c) Se amestecă fasolea neagră scursă și clătită și mazărea congelată. Acoperiți și fierbeți încă 7-10 minute sau până când cea mai mare parte a lichidului este absorbită.
d) La final, amestecați roșia tocată.

21. Paella de pui și cârnați italieni

INGREDIENTE:
- 2 pulpe de pui, pe piele, rumenite
- 2 pulpe de pui, pe piele, rumenite
- 3 bucăți mari de cârnați italieni, rumeniți apoi tăiați în bucăți de 1 inch
- 1 ardei roșu și galben, tăiat fâșii și prăjit în prealabil
- 1 buchet de baby broccolini, prefiert
- 1½ cani de orez, un bob scurt precum carnaroli sau arborio
- 4 căni de supă de pui, încălzită
- 1 cană piure de ardei roșu prăjit
- ¼ cană vin alb sec
- 1 ceapa medie, taiata cubulete mari
- 4 catei mari de usturoi, rasi
- parmezan ras sau brânză Romano
- ulei de masline

INSTRUCȚIUNI:

a) Începeți prin a rumeni bucățile de pui într-o tigaie pentru paella, obțineți o crustă bună pe ambele părți și aproape gătiți, dar nu complet, apoi lăsați deoparte.
b) Ștergeți orice exces de ulei din tigaie, apoi ștergeți orice exces de ulei de pe legăturile de cârnați.
c) Într-o tigaie mare, stropește ulei de măsline, apoi adaugă usturoiul și ceapa ras și se călesc până când sunt moale și aurii.
d) Adăugați vinul și lăsați să fiarbă un minut.
e) Combinați tot orezul cu jumătate din piureul de ardei roșu sau puțin mai mult. Aruncați până se acoperă uniform, apoi apăsați amestecul de orez în fundul tigaii.
f) Adăugați puțină brânză rasă, sare și piper la orez.
g) Aranjați bucățile de cârnați, împreună cu bucățile de pui, în jurul tigaii.
h) Aranjați creativ legumele rămase în jurul cărnii.
i) Pune toate cele 4 căni de bulion cald deasupra cu grijă.
j) Folosind o pensulă de patiserie, ungeți piureul suplimentar de ardei roșu deasupra puiului pentru mai multă aromă, punctând puțin mai mult în jur, dacă doriți.
k) Gătiți la foc mic, acoperit lejer cu folie, până când umezeala se evaporă.
l) Preîncălziți cuptorul la 375 ° F și coaceți tava acoperită timp de 15-20 de minute pentru a vă asigura că carnea este gătită.
m) Continuați să gătiți deasupra aragazului până când orezul este fraged.
n) Întregul timp ar trebui să fie în jur de 45 de minute.
o) Se lasa deoparte cateva minute sa se raceasca.
p) Se ornează cu busuioc proaspăt și pătrunjel, tocate.

22. Salată Paella de pui și fructe de mare

INGREDIENTE:
PENTRU OREZ:
- 3 linguri ulei de măsline de cea mai bună calitate
- 3 catei mari de usturoi, tocati
- 1 ceapa mica, tocata marunt
- 2 căni de orez cu bob lung
- 4 ½ căni supă de pui
- ¼ de linguriță de șofran pudră sau 1 linguriță de fire de șofran
- ½ linguriță de turmeric
- ½ linguriță de cimbru uscat

PENTRU VINIGRETĂ:
- ⅔ cană ulei de măsline
- 2 linguri otet de vin rosu
- 1 cățel mare de usturoi, tocat
- ¼ cană pătrunjel proaspăt tocat mărunt
- Sarat la gust
- O mulțime de piper negru proaspăt măcinat

PENTRU SALATA:
- 1 piept de pui întreg fiert, decojit, dezosat și tăiat în bucăți mici
- 12 creveți fierți, decojiți și devenați
- ½ kilogram de chorizo gătit, feliat
- 1 ardei gras rosu mare, fara samburi si tocat
- 1 roșie mare coaptă, fără semințe și tocată
- 14 uncii inimioare de anghinare conservate, scurse și tăiate felii
- 1 cană de mazăre proaspătă sau congelată
- 6 ceai intregi, tocati marunt
- ¼ cană pătrunjel proaspăt tocat
- 14 măsline Kalamata, fără sâmburi și tăiate la jumătate

INSTRUCȚIUNI:

a) Încinge 3 linguri de ulei de măsline într-o cratiță grea de 4 ½ litri. Adăugați usturoiul și ceapa tocate și gătiți până se înmoaie, aproximativ 2 minute.
b) Adăugați orezul și amestecați pentru a se acoperi cu ulei.
c) Adăugați bulionul de pui, șofranul (fie pudră, fie fire mărunțite), turmeric și cimbru uscat. Acoperiți și aduceți la fierbere. Reduceți focul și fierbeți până când apa se absoarbe, ceea ce durează aproximativ 25 de minute.
d) Transferați orezul fiert într-un castron mare și lăsați-l să se răcească la temperatura camerei.
e) Într-un castron mic, combinați ⅔ cană de ulei de măsline, oțet de vin roșu, usturoi tocat, pătrunjel, sare și mult piper negru proaspăt măcinat pentru a face vinegreta.
f) Adăugați puiul, creveții, chorizo tăiat felii, ardeiul gras roșu tocat, roșia tocată, inimioare de anghinare feliate, mazăre, ceapă verde tăiată mărunt, pătrunjel tocat și măsline Kalamata tăiate la jumătate la orezul răcit.
g) Se amestecă, apoi se adaugă suficientă vinaigretă pentru a acoperi ușor toate ingredientele. Se amestecă ușor pentru a se încorpora.
h) Gustați salata și ajustați condimentele dacă este necesar.
i) Pune Salata Paella la frigider până când ești gata de servire.

23. de pui și fasole Lima

INGREDIENTE:

- 2 linguri ulei de masline (de preferinta extravirgin)
- 2 ½ cani de ceapa rosie tocata (aproximativ 2 medii)
- 1 uncie șuncă afumată tocată mărunt (mică ¼ cană)
- 4 linguri de cimbru proaspăt tocat sau 1 ½ linguri uscat
- 3 frunze mari de dafin
- 8 uncii pulpe de pui, dezosate, fără piele, tăiate cu grăsime, tăiate în bucăți de 1 inch
- 3 căni de fasole de lima congelate (aproximativ 1 kilogram)
- 1 conserve de roșii în stil italian, tăiate bucăți, cu sucul rezervat (16 uncii)
- 6 catei de usturoi, tocati

INSTRUCȚIUNI:

a) Încinge 2 linguri de ulei de măsline într-o tigaie mare antiaderență la foc mediu-mare.

b) Adauga in tigaie ceapa rosie tocata, sunca afumata tocata marunt, cimbru proaspat tocat si foile de dafin. Se călește până când ceapa este fragedă și aurie, ceea ce ar trebui să dureze aproximativ 8 minute.

c) Adăugați bucățile de pui, boabele de lima congelate, roșiile în stil italian cu sucul lor și căței de usturoi tocați. Aduceți amestecul la fierbere.

d) Reduceți focul la mediu-scăzut, acoperiți și fierbeți până când bucățile de pui sunt gătite și boabele de lima sunt fragede, aproximativ 25 de minute. Aruncați frunzele de dafin.

e) Se condimentează amestecul după gust cu sare și piper.

f) Transferați paella într-un castron mare de servire, stropiți cu 1 lingură rămasă de cimbru proaspăt tocat și serviți.

24. Paella cu pui și roșii uscate la soare

INGREDIENTE:
- 1 ½ lingurita ulei de masline
- 6 pulpe de pui, pe piele
- 1 ¼ cană ceapă tocată
- 1 cană ardei gras verde, tăiat julien
- 2 catei mari de usturoi, tocati
- 1 ½ cană de orez cu bob lung, nefiert
- 3 căni de bulion de pui
- Cutie de 14 ½ uncii de roșii întregi, decojite
- 1 ½ cană de roșii uscate la soare, tăiate la jumătate
- 1 cană de vin alb sec
- 1 lingura de oregano proaspat, tocat (sau 1 lingurita de oregano uscat)
- 1 lingura de cimbru proaspat, tocat (sau 1 lingurita de cimbru uscat)
- ¼ de linguriță fulgi de ardei roșu (sau ½ linguriță dacă vă place mai picant)
- 1 ½ kg de scoici și/sau scoici, curățate
- ¾ de kilograme de creveți medii, decojiți
- 1 cană mazăre congelată, decongelată
- Sare si piper dupa gust

INSTRUCȚIUNI:

a) Încinge ulei de măsline într-un cuptor olandez sau într-o tigaie mare. Se adauga pulpele de pui si se calesc pana se rumenesc pe toate partile, aproximativ 10 minute. Scoateți puiul și lăsați-l deoparte.

b) În aceeași oală, adăugați ceapa tocată, ardeiul verde tăiat julien și usturoiul tocat. Se caleste in timp ce se amesteca timp de aproximativ 3 minute.

c) Adăugați orezul cu bob lung nefiert, bulionul de pui, roșiile întregi conservate, roșiile uscate la soare, vinul alb, oregano proaspăt (sau oregano uscat), cimbru proaspăt (sau cimbru uscat) și fulgi de ardei roșu. Aduceți amestecul la fierbere.

d) Acoperiți oala și fierbeți aproximativ 20 de minute sau până când cea mai mare parte a lichidului este aproape absorbită.

e) Se amestecă scoici și/sau scoici și se gătesc aproximativ 6 minute, sau până când cojile încep să se deschidă.

f) Adaugati crevetii curatati si mazarea congelata dezghetata. Gătiți încă 2 până la 3 minute sau până când creveții devin opace și toate cojile de scoici sau scoici s-au deschis.

g) Se condimenteaza cu sare si piper dupa gust.

25. Paella spaniolă de pui și midii

INGREDIENTE:

- 2 linguri ulei de masline
- 1 cana ceapa galbena, tocata (1 medie)
- 1 ardei gras roșu sau verde, fără miez, fără semințe și tăiat fâșii
- 1 cană de roșii fără semințe și tocate (o cutie de 1 kg)
- 1 lingurita de cimbru uscat si busuioc, maruntit
- 1 linguriță de semințe de chimen
- 1 frunză de dafin
- 1 lingura de usturoi tocat
- 2½ de kilograme de pui, tăiat în 10 bucăți de porție (sau 6 pulpe de pui, separate în pulpe și pulpe, până la 3 lire)
- Sare si piper
- 2 linguri ulei de masline
- ½ kilograme de chorizo sau cârnați spanioli, tăiați în cruce în felii (sau șuncă afumată, tăiate cubulețe, aproximativ 3 legături)
- 4½ căni supă de pui (până la 4 căni)
- ¼ de linguriță de șofran sau turmeric măcinat
- 3 căni de orez cu bob lung
- 1 kilogram de midii, curățate bine, bărbile îndepărtate și clătite
- 1 cană de mazăre proaspătă sau congelată, decongelată
- Coriandru proaspăt tocat sau pătrunjel pentru ornat
- Roți de lămâie pentru decor

INSTRUCȚIUNI:
PENTRU SOFRITO:
a) Pregătiți sofrito: într-o tigaie, încălziți 2 linguri de ulei de măsline.
b) Adăugați ceapa tocată și ardeiul gras și gătiți până se înmoaie, aproximativ 2 minute.
c) Adăugați roșiile tocate, cimbru uscat, busuioc, semințe de chimen, dafin și usturoi tocat. Asezonați cu sare și piper. Gătiți amestecul timp de 5 până la 7 minute sau până când aproape tot lichidul s-a evaporat. Pune-o deoparte.

ASSAMBLAȚI PAELLA:
d) Uscați puiul și asezonați-l cu sare și piper.
e) Într-o tigaie mare, adâncă, rezistentă la cuptor, încălziți uleiul la foc moderat până când este fierbinte.
f) Adăugați puiul în tigaie și gătiți-l timp de 7 până la 10 minute pe fiecare parte sau până când se rumenește. Transferați puiul pe o farfurie.
g) Adăugați cârnații sau șunca în tigaie, gătiți-l în timp ce se amestecă până se rumenește ușor și transferați-l cu o lingură cu fantă în farfurie.
h) Preîncălziți cuptorul la 400 de grade.
i) Într-o cratiță, aduceți bulionul la fiert la foc moderat, adăugați șofranul sau turmericul și lăsați amestecul la infuzat timp de 5 minute.
j) Într-o tigaie pentru paella de 14 inchi sau într-o tigaie mare adâncă, rezistentă la cuptor, aranjați orezul, puiul, cârnații sau șunca și sofritoul.
k) Adăugați bulionul preparat, aduceți lichidul la fiert la foc mare în timp ce amestecați și scoateți imediat tigaia de pe foc.
l) Aranjați scoicile în tavă și coaceți paella pe podeaua cuptorului timp de 25 de minute. Nu amestecați paella în timpul gătirii. Dacă amestecul devine uscat, adăugați bulion suplimentar.
m) Adăugați mazărea și coaceți paella încă 10 minute, sau până când lichidul se absoarbe, iar midiile s-au deschis.
n) Lăsați paella să stea, acoperită cu un șervețel, timp de 5 minute înainte de servire.
o) Serviți paella în vasul ei, ornat cu coriandru și felii de lămâie.

26. Paella de curcan și legume

INGREDIENTE:
- 2 căni de orez Arborio
- 1 kilogram de curcan măcinat
- 1 ceapa, tocata marunt
- 3 catei de usturoi, tocati
- 1 ardei gras verde, taiat cubulete
- 1 dovlecel, feliat
- 1 cană de roșii cherry, tăiate la jumătate
- 4 cesti supa de pui
- 1 lingurita boia
- Un praf de fire de sofran
- Sare si piper dupa gust
- 1/4 cană ulei de măsline

INSTRUCȚIUNI:

a) Într-o tigaie pentru paella, încălziți ulei de măsline la foc mediu. Adăugați ceapa și usturoiul tocate; se caleste pana se inmoaie.
b) Adăugați curcanul măcinat și gătiți până se rumenește.
c) Se amestecă orezul Arborio, ungându-l cu ulei și amestecând cu curcanul.
d) Adăugați ardei gras verde tăiat cubulețe, dovlecel tăiat felii și roșii cherry. Se toarnă în bulion de pui.
e) Asezonați cu boia de ardei, fire de șofran, sare și piper.
f) Gatiti pana cand orezul este aproape gata. Acoperiți tigaia și lăsați-o să fiarbă până când orezul este complet fiert.
g) Se serveste fierbinte.

27. Paella de rață și ciuperci

INGREDIENTE:
- 2 căni de orez Calasparra
- 1 kilogram pulpe de rață, pe piele
- 1 ceapa, tocata marunt
- 3 catei de usturoi, tocati
- 1 cană ciuperci sălbatice, feliate
- 1 ardei gras rosu, taiat cubulete
- 4 cesti supa de pui
- 1 lingurita de cimbru
- Un praf de fire de sofran
- Sare si piper dupa gust
- 1/4 cană ulei de măsline

INSTRUCȚIUNI:
a) Într-o tigaie pentru paella, încălziți ulei de măsline la foc mediu. Adăugați ceapa și usturoiul tocate; se caleste pana se inmoaie.
b) Adăugați pulpe de rață și gătiți până se rumenesc pe toate părțile.
c) Se amestecă orezul Calasparra, ungându-l cu ulei și amestecând cu rața.
d) Adaugati ciupercile salbatice feliate si ardeiul gras rosu taiat cubulete. Se toarnă în bulion de pui.
e) Asezonați cu cimbru, fire de șofran, sare și piper.
f) Gatiti pana cand orezul este aproape gata. Acoperiți tigaia și lăsați-o să fiarbă până când orezul este complet fiert.
g) Se serveste fierbinte.

28. Cornish Hen și Chorizo Paella

INGREDIENTE:
- 2 căni de orez Valencia
- 2 găini din Cornish, tăiate în bucăți
- 1/2 kilogram de cârnați chorizo, feliați
- 1 ceapa, tocata marunt
- 3 catei de usturoi, tocati
- 1 ardei gras rosu, feliat
- 1 cană mazăre congelată
- 4 cesti supa de pui
- 1 lingurita boia
- Un praf de fire de sofran
- Sare si piper dupa gust
- 1/4 cană ulei de măsline

INSTRUCȚIUNI:
a) Într-o tigaie pentru paella, încălziți ulei de măsline la foc mediu. Adăugați ceapa și usturoiul tocate; se caleste pana se inmoaie.
b) Adăugați bucăți de găină Cornish și chorizo; gătiți până când puiul se rumenește pe toate părțile.
c) Amestecați orezul Valencia, acoperindu-l cu ulei și amestecând cu puiul și chorizo.
d) Adauga ardei gras rosu feliat si mazare congelata. Se toarnă în bulion de pui.
e) Asezonați cu boia de ardei, fire de șofran, sare și piper.
f) Gatiti pana cand orezul este aproape gata. Acoperiți tigaia și lăsați-o să fiarbă până când orezul este complet fiert.
g) Se serveste fierbinte.

29. Paella de curcan și fructe de mare

INGREDIENTE:
- 2 căni de orez Arborio
- 1 kilogram de curcan măcinat
- 1/2 kilogram amestec de fructe de mare (creveți, midii, calmar)
- 1 ceapa, tocata marunt
- 3 catei de usturoi, tocati
- 1 ardei gras rosu, feliat
- 1 roșie, tăiată cubulețe
- 4 cesti supa de pui sau peste
- 1 lingurita boia afumata
- 1/2 linguriță fire de șofran
- Sare si piper dupa gust
- 1/4 cană ulei de măsline

INSTRUCȚIUNI:
a) Într-o tigaie pentru paella, încălziți ulei de măsline la foc mediu. Adăugați ceapa și usturoiul tocate; se caleste pana se inmoaie.
b) Adăugați curcanul măcinat și gătiți până se rumenește.
c) Se amestecă orezul Arborio, ungându-l cu ulei și amestecând cu curcanul.
d) Adaugati rosiile taiate cubulete si ardeiul gras rosu feliat. Se toarnă în bulion de pui sau de pește.
e) Se condimentează cu boia afumată, fire de șofran, sare și piper.
f) Aranjați fructele de mare amestecate peste orez și gătiți până când orezul este aproape gata.
g) Acoperiți tigaia și lăsați-o să fiarbă până când orezul este complet fiert.
h) Se serveste fierbinte.

PAELLA DE CARNE DE VANAT

30. Paella cu carne de căprioară și ciuperci sălbatice

INGREDIENTE:
- 2 căni de orez Bomba
- 1 kilogram de căprioară, cuburi
- 1 ceapa, tocata marunt
- 3 catei de usturoi, tocati
- 1 cană ciuperci sălbatice amestecate, feliate
- 1 ardei gras rosu, taiat cubulete
- 4 căni de căprioară sau bulion de vită
- 1 lingurita boia afumata
- Un praf de fire de sofran
- Sare si piper dupa gust
- 1/4 cană ulei de măsline

INSTRUCȚIUNI:
a) Într-o tigaie pentru paella, încălziți ulei de măsline la foc mediu. Adăugați ceapa și usturoiul tocate; se caleste pana se inmoaie.
b) Adăugați carne de căprioară tăiată cubulețe și gătiți până se rumenește pe toate părțile.
c) Amestecați orezul Bomba, acoperindu-l cu ulei și amestecând cu carnea de căprioară.
d) Adaugati ciupercile salbatice feliate si ardeiul gras rosu taiat cubulete. Se toarnă în bulion de căprioară sau de vită.
e) Se condimentează cu boia afumată, fire de șofran, sare și piper.
f) Gatiti pana cand orezul este aproape gata. Acoperiți tigaia și lăsați-o să fiarbă până când orezul este complet fiert.
g) Se serveste fierbinte.

31. Paella de mistreți și chorizo

INGREDIENTE:

- 2 căni de orez Calasparra
- 1 kg mistreț, tăiat cubulețe
- 1/2 kilogram de cârnați chorizo, feliați
- 1 ceapa, tocata marunt
- 3 catei de usturoi, tocati
- 1 ardei gras verde, feliat
- 4 căni de vânat sau bulion de vită
- 1 lingurita boia
- Un praf de fire de sofran
- Sare si piper dupa gust
- 1/4 cană ulei de măsline

INSTRUCȚIUNI:

a) Într-o tigaie pentru paella, încălziți ulei de măsline la foc mediu. Adăugați ceapa și usturoiul tocate; se caleste pana se inmoaie.
b) Adăugați cubulețe mistreț și chorizo; gatiti pana cand carnea se rumeneste.
c) Se amestecă orezul Calasparra, ungându-l cu ulei și amestecând cu carnea.
d) Adauga ardei gras verde feliat. Se toarnă în bulion de vânat sau de vită.
e) Asezonați cu boia de ardei, fire de șofran, sare și piper.
f) Gatiti pana cand orezul este aproape gata. Acoperiți tigaia și lăsați-o să fiarbă până când orezul este complet fiert.
g) Se serveste fierbinte.

32. Paella de fazani si legume

INGREDIENTE:
- 2 căni de orez Arborio
- 1 kg de carne de fazan, dezosată și tăiată cubulețe
- 1 ceapa, tocata marunt
- 3 catei de usturoi, tocati
- 1 ardei gras galben, taiat cubulete
- 1 cană de fasole verde, tăiată și tăiată la jumătate
- 4 cesti supa de pui sau vanat
- 1 lingurita de cimbru
- Un praf de fire de sofran
- Sare si piper dupa gust
- 1/4 cană ulei de măsline

INSTRUCȚIUNI:
a) Într-o tigaie pentru paella, încălziți ulei de măsline la foc mediu. Adăugați ceapa și usturoiul tocate; se caleste pana se inmoaie.
b) Adăugați carne de fazan tăiată cubulețe și gătiți până se rumenește.
c) Se amestecă orezul Arborio, ungându-l cu ulei și amestecând cu fazanul.
d) Adăugați ardei gras galben tăiat cubulețe și fasole verde tăiată în jumătate. Se toarnă în bulion de pui sau de vânat.
e) Asezonați cu cimbru, fire de șofran, sare și piper.
f) Gatiti pana cand orezul este aproape gata. Acoperiți tigaia și lăsați-o să fiarbă până când orezul este complet fiert.
g) Se serveste fierbinte.

33. Paella de elan și sparanghel

INGREDIENTE:
- 2 căni de orez cu bob scurt
- 1 kilogram de carne de elan, feliată subțire
- 1 ceapa, tocata marunt
- 3 catei de usturoi, tocati
- 1 ardei gras rosu, feliat
- 1 cană sparanghel, tăiat și tăiat bucăți
- 4 căni de vânat sau bulion de vită
- 1 lingurita boia afumata
- Un praf de fire de sofran
- Sare si piper dupa gust
- 1/4 cană ulei de măsline

INSTRUCȚIUNI:
a) Într-o tigaie pentru paella, încălziți ulei de măsline la foc mediu. Adăugați ceapa și usturoiul tocate; se caleste pana se inmoaie.
b) Adăugați carne de elan feliată și gătiți până se rumenește.
c) Se amestecă orezul cu bob scurt, ungându-l cu ulei și amestecând cu elanul.
d) Adăugați ardeiul gras roșu feliat și sparanghelul. Se toarnă în bulion de vânat sau de vită.
e) Se condimentează cu boia afumată, fire de șofran, sare și piper.
f) Gatiti pana cand orezul este aproape gata. Acoperiți tigaia și lăsați-o să fiarbă până când orezul este complet fiert.
g) Se serveste fierbinte.

34. Paella de zimbri și legume

INGREDIENTE:
- 2 căni de orez Bomba
- 1 kg de carne de bizon, tăiată cubulețe
- 1 ceapa, tocata marunt
- 3 catei de usturoi, tocati
- 1 ardei gras galben, taiat cubulete
- 1 dovlecel, feliat
- 4 căni de bizon sau bulion de vită
- 1 lingurita boia
- Un praf de fire de sofran
- Sare si piper dupa gust
- 1/4 cană ulei de măsline

INSTRUCȚIUNI:
a) Într-o tigaie pentru paella, încălziți ulei de măsline la foc mediu. Adăugați ceapa și usturoiul tocate; se caleste pana se inmoaie.
b) Adaugă carnea de bizon tăiată cubulețe și gătește până se rumenește.
c) Amestecați orezul Bomba, acoperindu-l cu ulei și amestecând cu bizonul.
d) Adăugați ardei gras galben tăiat cubulețe și dovleceii tăiați felii. Se toarnă zimbri sau bulion de vită.
e) Asezonați cu boia de ardei, fire de șofran, sare și piper.
f) Gatiti pana cand orezul este aproape gata. Acoperiți tigaia și lăsați-o să fiarbă până când orezul este complet fiert.
g) Se serveste fierbinte.

35. Paella de rață sălbatică și castane

INGREDIENTE:
- 2 căni de orez Calasparra
- 1 kg piept de rață sălbatică, feliat subțire
- 1 ceapa, tocata marunt
- 3 catei de usturoi, tocati
- 1 cană castane, decojite și tăiate felii
- 1 ardei gras rosu, taiat cubulete
- 4 căni de vânat sau bulion de pui
- 1 lingurita de cimbru
- Un praf de fire de sofran
- Sare si piper dupa gust
- 1/4 cană ulei de măsline

INSTRUCȚIUNI:

a) Într-o tigaie pentru paella, încălziți ulei de măsline la foc mediu. Adăugați ceapa și usturoiul tocate; se caleste pana se inmoaie.

b) Adauga piept de rata salbatica feliat si gateste pana se rumeneste.

c) Se amestecă orezul Calasparra, ungându-l cu ulei și amestecând cu rața.

d) Adăugați castane feliate și ardeiul gras roșu tăiat cubulețe. Se toarnă în bulion de pui sau de vânat.

e) Asezonați cu cimbru, fire de șofran, sare și piper.

f) Gatiti pana cand orezul este aproape gata. Acoperiți tigaia și lăsați-o să fiarbă până când orezul este complet fiert.

g) Se serveste fierbinte.

36. Paella de prepelite si dovlecei

INGREDIENTE:
- 2 căni de orez Bomba
- 1 kilogram de prepeliță, tăiată la jumătate
- 1 ceapa, tocata marunt
- 3 catei de usturoi, tocati
- 1 cană de dovleac butternut, tăiat cubulețe
- 1 ardei gras galben, feliat
- 4 căni de vânat sau bulion de pui
- 1 lingurita boia afumata
- Un praf de fire de sofran
- Sare si piper dupa gust
- 1/4 cană ulei de măsline

INSTRUCȚIUNI:

a) Într-o tigaie pentru paella, încălziți ulei de măsline la foc mediu. Adăugați ceapa și usturoiul tocate; se caleste pana se inmoaie.

b) Adăugați jumătăți de prepeliță și gătiți până se rumenesc pe toate părțile.

c) Amestecați orezul Bomba, acoperindu-l cu ulei și amestecând cu prepelița.

d) Adăugați dovleceii tăiați cubulețe și ardeiul gras galben feliat. Se toarnă în bulion de pui sau de vânat.

e) Se condimentează cu boia afumată, fire de șofran, sare și piper.

f) Gatiti pana cand orezul este aproape gata. Acoperiți tigaia și lăsați-o să fiarbă până când orezul este complet fiert.

g) Se serveste fierbinte.

37. Paella de curcan și afine sălbatice

INGREDIENTE:
- 2 căni de orez Arborio
- 1 kilogram de curcan sălbatic, tăiat cubulețe
- 1 ceapa, tocata marunt
- 3 catei de usturoi, tocati
- 1 cană de afine, proaspete sau uscate
- 1 ardei gras verde, taiat cubulete
- 4 căni de vânat sau bulion de curcan
- 1 lingurita de cimbru
- Un praf de fire de sofran
- Sare si piper dupa gust
- 1/4 cană ulei de măsline

INSTRUCȚIUNI:
a) Într-o tigaie pentru paella, încălziți ulei de măsline la foc mediu. Adăugați ceapa și usturoiul tocate; se caleste pana se inmoaie.
b) Adăugați curcanul sălbatic tăiat cubulețe și gătiți până se rumenesc.
c) Se amestecă orezul Arborio, ungându-l cu ulei și amestecând cu curcanul.
d) Adăugați merișoare și ardei gras verde tăiat cubulețe. Se toarnă în bulion de vânat sau de curcan.
e) Asezonați cu cimbru, fire de șofran, sare și piper.
f) Gatiti pana cand orezul este aproape gata. Acoperiți tigaia și lăsați-o să fiarbă până când orezul este complet fiert.
g) Se serveste fierbinte.

38. Paella de bizon și porumb

INGREDIENTE:
- 2 căni de orez cu bob scurt
- 1 kg de carne de bizon, feliată subțire
- 1 ceapa, tocata marunt
- 3 catei de usturoi, tocati
- 1 cană boabe de porumb
- 1 ardei gras rosu, taiat cubulete
- 4 căni de bizon sau bulion de vită
- 1 lingurita boia
- Un praf de fire de sofran
- Sare si piper dupa gust
- 1/4 cană ulei de măsline

INSTRUCȚIUNI:

a) Într-o tigaie pentru paella, încălziți ulei de măsline la foc mediu. Adăugați ceapa și usturoiul tocate; se caleste pana se inmoaie.
b) Adaugă carnea de bizon feliată și gătește până se rumenește.
c) Se amestecă orezul cu bob scurt, ungându-l cu ulei și amestecând cu bizonul.
d) Adăugați boabe de porumb și ardei gras roșu tăiat cubulețe. Se toarnă zimbri sau bulion de vită.
e) Asezonați cu boia de ardei, fire de șofran, sare și piper.
f) Gatiti pana cand orezul este aproape gata. Acoperiți tigaia și lăsați-o să fiarbă până când orezul este complet fiert.
g) Se serveste fierbinte.

39. Paella de iepure și cireșe

INGREDIENTE:
- 2 căni de orez Valencia
- 1 kilogram de carne de iepure, tăiată în bucăți
- 1 ceapa, tocata marunt
- 3 catei de usturoi, tocati
- 1 cană cireșe, fără sâmburi și tăiate la jumătate
- 1 ardei gras galben, feliat
- 4 căni de vânat sau bulion de pui
- 1 lingurita boia afumata
- Un praf de fire de sofran
- Sare si piper dupa gust
- 1/4 cană ulei de măsline

INSTRUCȚIUNI:
a) Într-o tigaie pentru paella, încălziți ulei de măsline la foc mediu. Adăugați ceapa și usturoiul tocate; se caleste pana se inmoaie.
b) Adăugați bucăți de iepure și gătiți până se rumenesc pe toate părțile.
c) Amestecați orezul Valencia, acoperindu-l cu ulei și amestecând cu iepure.
d) Adaugă cireșele tăiate în jumătate și ardeiul gras galben feliat. Se toarnă în bulion de pui sau de vânat.
e) Se condimentează cu boia afumată, fire de șofran, sare și piper.
f) Gatiti pana cand orezul este aproape gata. Acoperiți tigaia și lăsați-o să fiarbă până când orezul este complet fiert.
g) Se serveste fierbinte.

40. Paella de prepelite si ciuperci

INGREDIENTE:

- 2 căni de orez Calasparra
- 1 kilogram de prepeliță, tăiată la jumătate
- 1 ceapa, tocata marunt
- 3 catei de usturoi, tocati
- 1 cană de ciuperci amestecate, feliate
- 1 ardei gras galben, taiat cubulete
- 4 cesti supa de pui
- 1 lingurita de cimbru
- Un praf de fire de sofran
- Sare si piper dupa gust
- 1/4 cană ulei de măsline

INSTRUCȚIUNI:

a) Într-o tigaie pentru paella, încălziți ulei de măsline la foc mediu. Adăugați ceapa și usturoiul tocate; se caleste pana se inmoaie.
b) Adăugați jumătăți de prepeliță și gătiți până se rumenesc pe toate părțile.
c) Se amestecă orezul Calasparra, ungându-l cu ulei și amestecând cu prepelița.
d) Adăugați felii de ciuperci amestecate și ardei gras galben tăiat cubulețe. Se toarnă în bulion de pui.
e) Asezonați cu cimbru, fire de șofran, sare și piper.
f) Gatiti pana cand orezul este aproape gata. Acoperiți tigaia și lăsați-o să fiarbă până când orezul este complet fiert.
g) Se serveste fierbinte.

41. Paella de iepure și legume

INGREDIENTE:
- 2 căni de orez Bomba
- 1 kilogram de carne de iepure, tăiată în bucăți
- 1 ceapa, tocata marunt
- 3 catei de usturoi, tocati
- 1 ardei gras verde, taiat cubulete
- 1 cană inimioare de anghinare, tăiate în sferturi
- 4 cesti supa de pui
- 1 lingurita boia afumata
- Un praf de fire de sofran
- Sare si piper dupa gust
- 1/4 cană ulei de măsline

INSTRUCȚIUNI:
a) Într-o tigaie pentru paella, încălziți ulei de măsline la foc mediu. Adăugați ceapa și usturoiul tocate; se caleste pana se inmoaie.
b) Adăugați bucăți de iepure și gătiți până se rumenesc pe toate părțile.
c) Amestecați orezul Bomba, acoperindu-l cu ulei și amestecând cu iepure.
d) Adăugați ardei gras verde tăiat cubulețe și inimioare de anghinare tăiate în sferturi. Se toarnă în bulion de pui.
e) Se condimentează cu boia afumată, fire de șofran, sare și piper.
f) Gatiti pana cand orezul este aproape gata. Acoperiți tigaia și lăsați-o să fiarbă până când orezul este complet fiert.
g) Se serveste fierbinte.

42. Pui, iepure și chorizo Paella

INGREDIENTE:
- 2 căni de orez Bomba
- 4 cesti supa de pui
- 1 kg pulpe de pui, cu os şi piele
- 1 kilogram iepure, tăiat în bucăţi
- ½ kg de cârnaţi chorizo, feliaţi
- 1 ceapa, tocata marunt
- 3 catei de usturoi, tocati
- 1 ardei gras rosu, feliat
- 1 rosie, rasa
- 1 lingurita boia afumata
- ½ linguriţă fire de şofran
- Sare si piper dupa gust
- Ulei de măsline pentru gătit
- Pătrunjel proaspăt pentru garnitură
- Roţi de lămâie pentru servire

INSTRUCŢIUNI:
a) Într-un castron mic, combinaţi firele de şofran cu câteva linguri de apă caldă. Lasă-l să se abrupte.
b) Asezonaţi pulpele de pui şi bucăţile de iepure cu sare şi piper. Într-o tigaie mare pentru paella, încălziţi ulei de măsline la foc mediu-mare. Rumeniţi puiul şi iepurele pe toate părţile.
c) Adăugaţi felii de chorizo şi soţiţi până când îşi eliberează uleiurile.
d) Se amestecă ceapa, usturoiul şi ardeiul gras roşu. Gatiti pana se inmoaie legumele.
e) Adăugaţi roşia rasă, boia de ardei afumată şi amestecul de şofran. Gatiti cateva minute.
f) Întindeţi orezul uniform peste tigaie şi turnaţi supa de pui.
g) Se lasa sa fiarba fara a amesteca pana ce orezul este fiert si lichidul este absorbit.
h) Se ornează cu pătrunjel proaspăt şi se serveşte cu felii de lămâie.

PASTA PAELLA

43. Paella Primavera

INGREDIENTE:

- 2 ½ linguriţe de ulei de măsline
- 1 cană de ardei gras roşu tocat
- 1 cană de ceapă verde tăiată subţire
- 3 căni de bulion de legume cu conţinut scăzut de sodiu
- 1 lingura de usturoi tocat (3 catei)
- 1 linguriţă de fire de şofran mărunţite
- 1 cană de orez alb cu bob scurt, cum ar fi Valencia
- 3 căni de bucheţele de broccoli
- 1 cană de mazăre baby proaspătă sau congelată
- 1 cană de struguri sau roşii cherry tăiate în jumătate
- 12 măsline verzi fără sâmburi tăiate la jumătate
- 12 măsline negre fără sâmburi tăiate în jumătate (opţional)
- Roţi de lămâie
- ¼ cană de pătrunjel proaspăt tocat

INSTRUCŢIUNI:

a) Încinge uleiul de măsline într-o tigaie mare antiaderenţă la foc mediu. Adăugaţi ardeiul gras şi ceapa verde şi gătiţi timp de 5 minute.

b) Se amestecă bulionul de legume, usturoiul şi şofranul, apoi se aduce la fierbere.

c) Presăraţi orezul peste ingrediente, reduceţi focul la mediu-mic şi fierbeţi, acoperit, timp de 10 minute.

d) Presăraţi broccoli, mazărea, roşiile şi măslinele peste orez. Acoperiţi tigaia şi gătiţi paella timp de 8 minute sau până când orezul este fraged.

e) Se ia de pe foc si se lasa sa se odihneasca, acoperit, timp de 5 minute. Asezonaţi cu sare şi piper, dacă doriţi.

f) Pentru a servi, scoateţi paella în 6 boluri şi decoraţi fiecare cu felii de lămâie şi pătrunjel.

44. Paella de paste cu scoici și cârnați picant

INGREDIENTE:
- 1 dovlecel mediu
- 4 roșii prune
- 1 ceapă medie
- 2 catei de usturoi
- 2 linguri ulei de masline
- 6 uncii Fideos (spaghete spanioli de vermicelli încolăcite uscate, rupte în bucăți de 2 inci) sau tăiței subțiri (6 uncii)
- Cârnați italieni fierbinți de ¼ de lire
- 1 ¼ cană apă
- ¾ cană vin alb sec
- 12 scoici mici cu coajă tare, cum ar fi gâturile mici (mai puțin de 2 inci lungime)
- 1 lingura frunze de patrunjel proaspat tocate

INSTRUCȚIUNI:
a) Tăiați dovlecelul și roșiile în bucăți de ½ inch, păstrând legumele separate. Tăiați ceapa și tocați usturoiul.
b) Într-un ibric greu, încălziți uleiul de măsline la foc moderat până când este fierbinte, dar nu fumează. Se călesc pastele nefierte, întorcându-le din când în când, până devin aurii, aproximativ 2 minute. Utilizați o lingură cu fantă pentru a transfera pastele într-un castron.
c) În același ibric cu uleiul rămas, căliți dovleceii cu sare după gust, amestecând din când în când până se rumenesc, aproximativ 3 minute. Transferați dovlecelul într-un alt bol.
d) Stoarceți cârnații din interior în ibric și adăugați ceapa tocată și usturoiul tocat. Se caleste amestecul, amestecand si desfacand carnatii, pana se rumenesc, aproximativ 5 minute.
e) Adăugați roșiile tocate, apa și vinul alb în ibric și aduceți amestecul la fierbere.
f) Adauga pastele sotate si scoici. Se fierb, descoperit, amestecând din când în când, timp de aproximativ 8 minute, sau până când scoicile sunt deschise și pastele sunt al dente. Aruncați toate scoici nedeschise.
g) Se amestecă dovleceii soți și pătrunjelul tocat și se gătesc până se încălzește.

45. Paella spaniolă cu tăiței (Fideuà)

INGREDIENTE:
- 10 uncii spaghete groase sau bucatini
- 2 linguri ulei de masline
- 1 ceapa medie, tocata marunt
- 2 catei de usturoi, tocati
- 3 roșii mari coapte, decojite, fără semințe și tăiate mărunt
- 1 lingurita boia dulce
- 12 scoici mici sau scoici, spălate sub apă rece
- 6 uncii Creveți, curățați și devenați
- 6 uncii scoici (cele mari tăiate în sferturi; cele mici tăiate în jumătate sau lăsate întregi)
- 8 uncii Monkfish sau alt pește alb ferm, tăiat pe diagonală în felii de ½ inch (ajustați cantitatea după cum este necesar)
- 3 căni bulion de pește sau pui, bulion de scoici îmbuteliat sau după cum este necesar
- ¼ de linguriță fire de șofran, înmuiate în 1 lingură de apă caldă
- Sare si piper negru proaspat macinat, dupa gust
- 2 linguri patrunjel proaspat tocat pentru ornat

INSTRUCȚIUNI:
a) Rupeți spaghetele groase sau bucatinii în bucăți de 1 inch, ținând câteva fire pe rând și lăsați-le deoparte.
b) Încinge uleiul de măsline într-o tigaie pentru paella sau într-o tigaie mare. Adăugați ceapa tocată mărunt și usturoiul tocat și gătiți la foc mediu până devin moi și translucide, dar nu maro, aproximativ 4 minute.
c) Se amestecă roșiile decojite, fără semințe și tocate mărunt și boia dulce. Gatiti pana se evapora tot lichidul din rosii, ceea ce ar trebui sa dureze aproximativ 5 minute.
d) Adăugați scoicile, creveții, scoicile și monkfish și căleți timp de 1 minut. Apoi, adăugați 2-½ căni de supă de pește și șofranul care a fost înmuiat în apă caldă. Se aduce la fierbere.
e) Se amestecă pastele rupte și se pune la fiert. Reduceți focul și fierbeți ușor până când pastele sunt fierte, ceea ce va dura aproximativ 15 până la 20 de minute. Se amestecă din când în când.
f) Dacă amestecul se usucă prea mult înainte ca pastele să fie fierte complet, adăugați bulionul rămas. Se condimenteaza cu sare si piper dupa gust.
g) Presărați vasul cu pătrunjel proaspăt tocat și serviți-l imediat.

46. Paste cu crustacee în stil paella

INGREDIENTE:
- 2 cesti supa de pui
- ¾ cană vin alb sec
- ½ linguriță fire de șofran mărunțite
- 3 linguri ulei de masline
- 6 uncii Fideos (fidei spanioli subțiri în bobine) sau spaghete subțiri, rupte în lungimi de 2 inci
- 6 creveți mari (16 până la 20 pe kilogram), decojiți
- 6 scoici mari
- 6 scoici din Noua Zeelandă sau scoici de Manila, spălate
- ½ pachet (9 uncii) de inimioare de anghinare congelate, dezghețate
- 1 lingurita arpagic proaspat tocat

INSTRUCȚIUNI:
a) Preîncălziți cuptorul la 400°F (200°C).
b) Într-o cratiță, puneți la fiert supa de pui și vinul alb, apoi amestecați șofranul. Păstrați amestecul la fiert.
c) Într-o tigaie grea rezistentă la cuptor, cu o lungime de 8 inci în partea de jos, încălziți uleiul de măsline la foc moderat până când este fierbinte, dar nu fumează. Se calesc pastele nefierte, amestecand, pana devin aurii, aproximativ 2 minute.
d) Se toarnă amestecul de bulion la fiert peste paste și se fierbe timp de 5 minute.
e) Se cuibără crustaceele și inimile de anghinare în paste și se coace, neacoperit, în mijlocul cuptorului, până când lichidul se reduce la o glazură însiropată (pastele trebuie să fie fragede, dar crocante deasupra), aproximativ 20 de minute.
f) Presărați pastele cu arpagic tocat.

47. Paella cu paste cu pui și chorizo

INGREDIENTE:
- 8 uncii de paste penne
- 1 kg piept de pui, taiat cubulete
- ½ kilogram de chorizo, feliat
- 1 ceapa, tocata marunt
- 2 catei de usturoi, tocati
- 1 ardei gras rosu, taiat cubulete
- 1 lingurita boia afumata
- ½ linguriță fire de șofran (opțional)
- 2 cesti supa de pui
- Sare si piper dupa gust
- Ulei de măsline pentru gătit
- Pătrunjel proaspăt pentru garnitură

INSTRUCȚIUNI:
a) Gătiți pastele penne conform instrucțiunilor de pe ambalaj. Scurgeți și puneți deoparte.
b) Într-o tigaie mare, încălziți ulei de măsline la foc mediu. Adăugați puiul tăiat cubulețe și chorizo. Gatiti pana se rumenesc.
c) Adăugați ceapa, usturoiul și ardeiul gras. Se caleste pana cand legumele sunt fragede.
d) Se amestecă boia de ardei afumată și fire de șofran (dacă se folosește).
e) Se toarnă supa de pui și se lasă să fiarbă câteva minute.
f) Adauga pastele fierte in tigaie si amesteca pana se imbraca bine.
g) Se condimenteaza cu sare si piper dupa gust. Se ornează cu pătrunjel proaspăt înainte de servire.

48. Paella de paste cu legume și ciuperci

INGREDIENTE:
- 8 uncii de fettuccine sau pastele preferate
- 1 cană de ciuperci, feliate
- 1 dovlecel, taiat cubulete
- 1 ardei gras rosu, taiat cubulete
- 1 ceapa, tocata marunt
- 2 catei de usturoi, tocati
- 1 lingurita boia afumata
- ½ linguriță fire de șofran (opțional)
- 2 căni de bulion de legume
- Sare si piper dupa gust
- Ulei de măsline pentru gătit
- Pătrunjel proaspăt pentru garnitură

INSTRUCȚIUNI:

a) Gatiti fettuccine conform instructiunilor de pe ambalaj. Scurgeți și puneți deoparte.

b) Într-o tigaie mare, încălziți ulei de măsline la foc mediu. Adăugați ceapa, usturoiul, ciupercile, dovlecelul și ardeiul gras. Se caleste pana cand legumele sunt fragede.

c) Se amestecă boia de ardei afumată și fire de șofran (dacă se folosește).

d) Se toarnă bulion de legume și se lasă să fiarbă câteva minute.

e) Adauga pastele fierte in tigaie si amesteca pana se omogenizeaza bine.

f) Se condimenteaza cu sare si piper dupa gust. Se ornează cu pătrunjel proaspăt înainte de servire.

49. Creveți și Chorizo Orzo Paella

INGREDIENTE:
- 8 uncii paste orzo
- 1 kg de creveți mari, curățați și devenați
- ½ kilogram de chorizo, feliat
- 1 ceapa, tocata marunt
- 2 catei de usturoi, tocati
- 1 ardei gras rosu, taiat cubulete
- 1 lingurita boia afumata
- ½ linguriță fire de șofran (opțional)
- 2 cesti supa de pui
- Sare si piper dupa gust
- Ulei de măsline pentru gătit
- Pătrunjel proaspăt pentru garnitură

INSTRUCȚIUNI:
a) Gatiti pastele orzo conform instructiunilor de pe ambalaj. Scurgeți și puneți deoparte.
b) Într-o tigaie mare, încălziți ulei de măsline la foc mediu. Adăugați chorizo și gătiți până se rumenesc.
c) Adăugați ceapa, usturoiul și ardeiul gras. Se caleste pana cand legumele sunt fragede.
d) Se amestecă boia de ardei afumată și fire de șofran (dacă se folosește).
e) Adăugați creveții în tigaie și gătiți până devin roz.
f) Se toarnă supa de pui și se lasă să fiarbă câteva minute.
g) Adăugați pastele orzo fierte și amestecați până se îmbracă bine. Asezonați cu sare și piper.
h) Se ornează cu pătrunjel proaspăt înainte de servire.

50. cu pui și fasole verde

INGREDIENTE:
- 8 uncii linguine sau Conchiglie
- 1 kilogram de pulpe de pui dezosate, fără piele, tăiate cubulețe
- 1 ceapa, tocata marunt
- 2 catei de usturoi, tocati
- 1 cană de roșii cherry, tăiate la jumătate
- 1 cana fasole verde, tocata
- ½ linguriță fire de șofran
- 2 cesti supa de pui
- Sare si piper dupa gust
- Ulei de măsline pentru gătit
- Busuioc proaspăt pentru decor

INSTRUCȚIUNI:
a) Gătiți linguinele conform instrucțiunilor de pe ambalaj. Scurgeți și puneți deoparte.
b) Într-o tigaie mare, încălziți ulei de măsline la foc mediu. Adăugați ceapa și usturoiul. Se caleste pana se inmoaie.
c) Adăugați puiul tăiat cubulețe și gătiți până se rumenește.
d) Se amestecă roșiile cherry și fasolea verde.
e) Adăugați fire de șofran în bulionul de pui și turnați amestecul în tigaie. Se fierbe câteva minute.
f) Adauga linguine fierte si amesteca pana se omogenizeaza bine. Asezonați cu sare și piper.
g) Se ornează cu busuioc proaspăt înainte de servire.

51. Penne Paella cu spanac și anghinare

INGREDIENTE:
- 8 uncii de paste penne
- 1 cutie inimioare de anghinare, scurse si tocate
- 2 căni de spanac proaspăt
- 1 ceapa, tocata marunt
- 2 catei de usturoi, tocati
- 1 ardei gras rosu, taiat cubulete
- 1 lingurita boia afumata
- ½ linguriță fire de șofran (opțional)
- 2 căni de bulion de legume
- Sare si piper dupa gust
- Ulei de măsline pentru gătit
- Parmezan ras pentru decor

INSTRUCȚIUNI:
a) Gătiți pastele penne conform instrucțiunilor de pe ambalaj. Scurgeți și puneți deoparte.
b) Într-o tigaie mare, încălziți ulei de măsline la foc mediu. Adăugați ceapa, usturoiul și ardeiul gras. Se caleste pana cand legumele sunt fragede.
c) Se amestecă boia de ardei afumată și fire de șofran (dacă se folosește).
d) Adăugați inimioare de anghinare și spanac proaspăt în tigaie. Gatiti pana se ofileste spanacul.
e) Se toarnă bulion de legume și se lasă să fiarbă câteva minute.
f) Adăugați pastele penne fierte și amestecați până când sunt bine acoperite. Asezonați cu sare și piper.
g) Se ornează cu parmezan ras înainte de servire.

52. Paella de legume cu Orzo

INGREDIENTE:
- 1 cană paste orzo
- 1 ceapa, tocata marunt
- 3 catei de usturoi, tocati
- 1 dovlecel, taiat cubulete
- 1 ardei gras rosu, feliat
- 1 cană de roșii cherry, tăiate la jumătate
- 4 căni de bulion de legume
- 1 lingurita boia afumata
- Un praf de fire de sofran
- Sare si piper dupa gust
- 1/4 cană ulei de măsline

INSTRUCȚIUNI:
a) Într-o tigaie pentru paella, încălziți ulei de măsline la foc mediu. Adăugați ceapa și usturoiul tocate; se caleste pana se inmoaie.
b) Adăugați pastele orzo și gătiți până se prăjesc ușor.
c) Se amestecă dovleceii tăiați cubulețe, ardeiul gras roșu feliat și roșiile cherry tăiate în jumătate.
d) Se toarnă bulion de legume și fire de șofran. Se condimentează cu boia afumată, sare și piper.
e) Gatiti pana cand orzoul este fraged si a absorbit aromele legumelor si bulionului.
f) Acoperiți tava și lăsați-o să se odihnească câteva minute înainte de servire.

53. Paella Orzo cu cârnați și ciuperci

INGREDIENTE:
- 1 cană paste orzo
- 1/2 kilogram de cârnați italieni, învelișul îndepărtat și mărunțit
- 1 ceapa, tocata marunt
- 3 catei de usturoi, tocati
- 1 cană de ciuperci, feliate
- 1 ardei gras rosu, taiat cubulete
- 4 cesti supa de pui sau legume
- 1 lingurita de cimbru uscat
- Sare si piper dupa gust
- 1/4 cană ulei de măsline

INSTRUCȚIUNI:
a) Într-o tigaie pentru paella, încălziți ulei de măsline la foc mediu. Adăugați ceapa și usturoiul tocate; se caleste pana se inmoaie.
b) Adăugați cârnați italieni mărunțiți și gătiți până se rumenesc.
c) Se amestecă pastele orzo, ungându-le cu ulei și amestecând cu cârnații.
d) Adăugați ciupercile feliate și ardeiul gras roșu tăiat cubulețe. Se toarnă în bulion de pui sau de legume.
e) Asezonați cu cimbru uscat, sare și piper.
f) Gătiți până când orzoul este fraged și a absorbit aromele cârnaților și legumelor.
g) Acoperiți tava și lăsați-o să se odihnească câteva minute înainte de servire.

54. Orzo Paella de creveți și sparanghel

INGREDIENTE:
- 1 cană paste orzo
- 1/2 kg de creveți, decojiți și devenați
- 1 ceapa, tocata marunt
- 3 catei de usturoi, tocati
- 1 buchet sparanghel, taiat si taiat bucatele
- 1 cană de roșii cherry, tăiate la jumătate
- 4 cesti supa de pui sau legume
- 1 lingurita coaja de lamaie
- Sare si piper dupa gust
- 1/4 cană ulei de măsline

INSTRUCȚIUNI:
a) Într-o tigaie pentru paella, încălziți ulei de măsline la foc mediu. Adăugați ceapa și usturoiul tocate; se caleste pana se inmoaie.
b) Adăugați pastele orzo și gătiți până se prăjesc ușor.
c) Se amestecă creveții, roșiile cherry tăiate în jumătate și bucățile de sparanghel.
d) Se toarnă în bulion de pui sau de legume. Asezonați cu coaja de lămâie, sare și piper.
e) Gătiți până când orzoul este fraged și crevetii sunt gătiți.
f) Acoperiți tava și lăsați-o să se odihnească câteva minute înainte de servire.

PAELLA DE CARNE

55. Paella cu rosii verzi si bacon

INGREDIENTE:
- 6 uncii de slănină, tăiată în fâşii de ¼ inch
- 1 cană ceapă tocată
- 1 cană de ardei verde, tăiat cubuleţe de ½ inch
- 2 catei de usturoi, curatati, tocati si tocati
- 1 ardei jalapeno, fără seminţe şi tocat
- 2 căni de orez cu bob lung (nefiert)
- 2 cani de rosii verzi cu miez si tocate grosier
- 4 cesti supa de pui
- 1 lingurita sare
- ¼ linguriţă de piper proaspăt măcinat
- 1 lingura coriandru tocat
- 1 lingura patrunjel italian tocat

INSTRUCŢIUNI:

a) Într-o tigaie mare, cu fundul greu, sau într-o tigaie pentru paella, puneţi slănina până când se rumeneşte şi şi-a eliberat grăsimea. Aruncaţi toate, cu excepţia a 3 linguri de grăsime.

b) Se amestecă ceapa tocată, ardeiul verde, usturoiul şi jalapeno. Gatiti 7-8 minute la foc mediu pana cand legumele se ofilesc.

c) Se amestecă orezul şi se fierbe încă 1 minut.

d) Adăugaţi roşiile verzi, supa de pui, sare şi piper. Aduceţi amestecul la fierbere.

e) Acoperiţi tigaia, daţi focul la foarte mic şi gătiţi aproximativ 20 de minute, sau până când orezul a absorbit tot lichidul.

f) Pufează paella cu o furculiţă şi amestecă cilantro tocat şi pătrunjelul italian.

g) Se acopera si se lasa sa stea 5 minute inainte de servire.

56. Bacon și Kimchi Paella cu pui

INGREDIENTE:
- 1 cană de orez Arborio (sau orice orez cu bob scurt potrivit pentru paella)
- 2 piept de pui dezosati, fara piele, taiati in bucati mari
- 4-6 felii de bacon, tocate
- 1 cană de kimchi, tocat
- 1 ceapa, tocata marunt
- 2 catei de usturoi, tocati
- 1 ardei gras rosu, feliat
- 1 cană mazăre congelată
- 1 lingurita boia
- ½ lingurita boia afumata (optional)
- ¼ linguriță fire de șofran (opțional)
- 2 cesti supa de pui
- ½ cană de vin alb
- Sare si piper negru dupa gust
- 2 linguri ulei de masline
- Pătrunjel proaspăt tocat pentru decor

INSTRUCȚIUNI:

a) Începeți prin a înmuia firele de șofran în 2 linguri de apă caldă și puneți-o deoparte. Acest lucru va ajuta să-i elibereze aroma și culoarea.

b) Într-o tigaie mare, cu fund plat sau o tigaie pentru paella, încălziți uleiul de măsline la foc mediu-mare. Adauga baconul tocat si gateste pana devine crocant. Scoateți slănina din tigaie și lăsați-o deoparte, lăsând grăsimea de slănină în tigaie.

c) Asezonați bucățile de pui cu sare, piper negru și boia de ardei. Adăugați puiul în aceeași tigaie și gătiți până se rumenește și se fierbe. Scoateți puiul din tigaie și lăsați-l deoparte.

d) În aceeași tigaie, adăugați ceapa tocată, usturoiul și ardeiul gras roșu feliat. Pune-le la calit pana ce ceapa devine translucida si ardeiul se inmoaie.

e) Adăugați orezul Arborio în tigaie și amestecați-l câteva minute pentru a prăji ușor orezul.

f) Turnați vinul alb și gătiți până când este absorbit în mare parte de orez.

g) Adăugați kimchi tocat și baconul fiert în tigaie și amestecați totul.

h) Adăugați firele de șofran împreună cu lichidul de înmuiat, boia de ardei afumată (dacă este folosită) și 1 cană de bulion de pui. Amesteca bine.

i) Continuați să gătiți paella la foc mediu, adăugând mai mult bulion de pui după cum este necesar și amestecând din când în când. Orezul trebuie să absoarbă lichidul și să devină cremos, menținând totuși o ușoară mușcătură (al dente). Acest lucru ar trebui să dureze aproximativ 15-20 de minute.

j) În ultimele minute de gătit, adăugați înapoi în tigaie mazărea congelată și puiul fiert. Se amestecă până când mazărea este încălzită.

k) Gustați paella și potriviți condimentele cu sare și piper negru după cum este necesar.

l) Odată ce orezul este complet fiert, iar lichidul este absorbit în mare parte, scoateți paella de pe foc și lăsați-o să se odihnească câteva minute înainte de servire.

m) Se ornează cu pătrunjel proaspăt tocat și se servește Bacon și Kimchi Paella cu Pui fierbinte.

57. Paella de vită și fructe de mare

INGREDIENTE:
- 2 căni de orez paella
- 4 cesti supa de vita
- 1 kg muschi de vita, feliat subtire
- ½ kg de creveți, curățați și devenați
- ½ kilogram de midii, curățate
- 1 ceapa, tocata marunt
- 3 catei de usturoi, tocati
- 1 ardei gras rosu, feliat
- 1 roșie, tăiată cubulețe
- 1 lingurita boia afumata
- ½ linguriță fire de șofran
- Sare si piper dupa gust
- Ulei de măsline pentru gătit
- Pătrunjel proaspăt pentru garnitură
- Roți de lămâie pentru servire

INSTRUCȚIUNI:
a) Într-un castron mic, combinați firele de șofran cu câteva linguri de apă caldă. Lasă-l să se abrupte.
b) Asezonați feliile de vită cu sare și piper. Într-o tigaie mare pentru paella, încălziți ulei de măsline la foc mediu-mare. Se prăjește carnea de vită până se rumenește.
c) Adăugați ceapa, usturoiul și ardeiul gras roșu. Gatiti pana se inmoaie legumele.
d) Se amestecă roșiile tăiate cubulețe, boia de ardei afumată și amestecul de șofran. Gatiti cateva minute.
e) Întindeți orezul uniform peste tigaie și turnați bulionul de vită.
f) Se lasa sa fiarba fara a amesteca pana ce orezul este fiert si lichidul este absorbit.
g) Aranjați creveții și scoicile deasupra orezului și gătiți până când fructele de mare sunt gata.
h) Se ornează cu pătrunjel proaspăt și se servește cu felii de lămâie.

58. Paella de porc și chorizo

INGREDIENTE:
- 2 căni de orez Arborio
- 4 cesti supa de pui
- 1 kilogram de muschi de porc, tăiat în bucăți mici
- ½ kg de cârnați chorizo, feliați
- 1 ceapa, tocata marunt
- 3 catei de usturoi, tocati
- 1 ardei gras rosu, feliat
- 1 roșie, tăiată cubulețe
- 1 lingurita boia afumata
- ½ linguriță fire de șofran
- Sare si piper dupa gust
- Ulei de măsline pentru gătit
- Pătrunjel proaspăt pentru garnitură
- Roți de lămâie pentru servire

INSTRUCȚIUNI:

a) Într-un castron mic, combinați firele de șofran cu câteva linguri de apă caldă. Lasă-l să se abrupte.

b) Asezonați bucățile de porc cu sare și piper. Într-o tigaie mare pentru paella, încălziți ulei de măsline la foc mediu-mare. Rumeniți carnea de porc pe toate părțile.

c) Adăugați felii de chorizo și sotiți până când își eliberează uleiurile.

d) Se amestecă ceapa, usturoiul și ardeiul gras roșu. Gatiti pana se inmoaie legumele.

e) Adăugați roșiile tăiate cubulețe, boia de ardei afumată și amestecul de șofran. Gatiti cateva minute.

f) Întindeți uniform orezul Arborio peste tigaie și turnați supa de pui.

g) Se lasa sa fiarba fara a amesteca pana ce orezul este fiert si lichidul este absorbit.

h) Se ornează cu pătrunjel proaspăt și se servește cu felii de lămâie.

59. Paella de miel și legume

INGREDIENTE:

- 2 căni de orez cu bob scurt
- 4 căni de bulion de legume
- 1 kg umăr de miel, tăiat cubulețe
- 1 ceapa, tocata marunt
- 3 catei de usturoi, tocati
- 1 dovlecel, feliat
- 1 ardei gras rosu, taiat cubulete
- 1 cana fasole verde, tocata
- 1 lingurita boia afumata
- ½ linguriță fire de șofran
- Sare si piper dupa gust
- Ulei de măsline pentru gătit
- Menta proaspata pentru decor
- Roți de lămâie pentru servire

INSTRUCȚIUNI:

a) Într-un castron mic, combinați firele de șofran cu câteva linguri de apă caldă. Lasă-l să se abrupte.
b) Asezonați mielul cu sare și piper. Într-o tigaie mare pentru paella, încălziți ulei de măsline la foc mediu-mare. Rumeniți mielul pe toate părțile.
c) Adăugați ceapa, usturoiul, ardeiul gras roșu, dovlecelul și roșiile cherry. Se caleste pana cand legumele sunt fragede.
d) Se amestecă boiaua afumată și amestecul de șofran. Gatiti cateva minute.
e) Întindeți uniform orezul Arborio peste tigaie și turnați bulionul de miel sau de vită.
f) Se lasa sa fiarba fara a amesteca pana ce orezul este fiert si lichidul este absorbit.
g) Se ornează cu mentă proaspătă și se servește cu felii de lămâie.

60. Paella de curcan și fructe de mare

INGREDIENTE:
- 2 căni de orez Valencia
- 4 cesti supa de curcan sau pui
- 1 kilogram de curcan măcinat
- ½ kilogram de calmar, curățat și feliat
- scoici de jumătate de kilogram
- 1 ceapa, tocata marunt
- 3 catei de usturoi, tocati
- 1 ardei gras rosu, feliat
- 1 roșie, tăiată cubulețe
- 1 lingurita boia afumata
- ½ linguriță fire de șofran
- Sare si piper dupa gust
- Ulei de măsline pentru gătit
- Pătrunjel proaspăt pentru garnitură
- Roți de lămâie pentru servire

INSTRUCȚIUNI:

a) Într-un castron mic, combinați firele de șofran cu câteva linguri de apă caldă. Lasă-l să se abrupte.

b) Într-o tigaie mare pentru paella, încălziți ulei de măsline la foc mediu-mare. Rumeniți curcanul măcinat.

c) Adăugați ceapa, usturoiul, ardeiul gras roșu și roșiile. Se caleste pana se inmoaie legumele.

d) Se amestecă boiaua afumată și amestecul de șofran. Gatiti cateva minute.

e) Întindeți uniform orezul Valencia peste tigaie și turnați bulionul de curcan sau de pui.

f) Se lasa sa fiarba fara a amesteca pana ce orezul este fiert si lichidul este absorbit.

g) Aranjați calamarul și scoicile deasupra orezului și gătiți până când fructele de mare sunt gata.

h) Se ornează cu pătrunjel proaspăt și se servește cu felii de lămâie.

61. Paella de porc și fructe de mare

INGREDIENTE:

- 2 căni de orez Calasparra
- 1/2 kg muschi de porc, taiat in bucatele
- 1/2 kg de creveți, decojiți și devenați
- 1/2 kg midii, curatate
- 1 ceapa, tocata marunt
- 3 catei de usturoi, tocati
- 1 ardei gras verde, feliat
- 1 cană roșii tăiate cubulețe
- 4 cesti supa de pui sau porc
- 1 lingurita boia dulce
- Un praf de fire de sofran
- Sare si piper dupa gust
- 1/4 cană ulei de măsline

INSTRUCȚIUNI:

a) Într-o tigaie pentru paella, încălziți ulei de măsline la foc mediu. Adăugați ceapa și usturoiul tocate; se caleste pana se inmoaie.
b) Adaugati bucatele de muschi de porc si gatiti pana se rumenesc.
c) Se amestecă orezul Calasparra, ungându-l cu ulei și amestecând cu carnea de porc.
d) Adăugați ardeiul verde tăiat cubulețe și roșiile. Se toarnă în bulion de pui sau porc.
e) Asezonați cu boia dulce, fire de șofran, sare și piper.
f) Aranjați creveții și scoicile peste orez și gătiți până când orezul este aproape gata.
g) Acoperiți tigaia și lăsați-o să fiarbă până când orezul este complet fiert.
h) Se serveste fierbinte.

62. Paella de vita si ciuperci

INGREDIENTE:
- 2 căni de orez Calasparra
- 1 kg muschi de vita, feliat subtire
- 1 ceapa, tocata marunt
- 3 catei de usturoi, tocati
- 1 cană de ciuperci amestecate, feliate
- 1 ardei gras rosu, taiat cubulete
- 4 cesti supa de vita sau de legume
- 1 lingurita boia afumata
- Un praf de fire de sofran
- Sare si piper dupa gust
- 1/4 cană ulei de măsline

INSTRUCȚIUNI:
a) Într-o tigaie pentru paella, încălziți ulei de măsline la foc mediu. Adăugați ceapa și usturoiul tocate; se caleste pana se inmoaie.
b) Adăugați mușchiul de vită feliat subțire și gătiți până se rumenește.
c) Amestecați orezul Calasparra, acoperindu-l cu ulei și amestecând cu carnea de vită.
d) Adăugați felii de ciuperci amestecate și ardei gras roșu tăiat cubulețe. Se toarnă în bulion de vită sau de legume.
e) Se condimentează cu boia afumată, fire de șofran, sare și piper.
f) Gatiti pana cand orezul este aproape gata. Acoperiți tigaia și lăsați-o să fiarbă până când orezul este complet fiert.
g) Se serveste fierbinte.

63. Paella de vițel și mazăre verde

INGREDIENTE:

- 2 căni de orez Calasparra
- 1 kg de tocană de vițel, tăiată în bucăți
- 1 ceapa, tocata marunt
- 3 catei de usturoi, tocati
- 1 cană mazăre verde
- 1 ardei gras galben, taiat cubulete
- 4 cesti supa de vita sau vitel
- 1 lingurita rozmarin
- Un praf de fire de sofran
- Sare si piper dupa gust
- 1/4 cană ulei de măsline

INSTRUCȚIUNI:

a) Într-o tigaie pentru paella, încălziți ulei de măsline la foc mediu. Adăugați ceapa și usturoiul tocate; se caleste pana se inmoaie.
b) Adăugați bucăți de vițel și gătiți până se rumenesc.
c) Amestecați orezul Calasparra, acoperindu-l cu ulei și amestecând cu vițelul.
d) Adăugați mazărea verde și ardeiul gras galben tăiat cubulețe. Se toarnă în bulion de vită sau vițel.
e) Asezonați cu rozmarin, fire de șofran, sare și piper.
f) Gatiti pana cand orezul este aproape gata. Acoperiți tigaia și lăsați-o să fiarbă până când orezul este complet fiert.
g) Se serveste fierbinte.

64. Paella de vita si broccoli

INGREDIENTE:
- 2 căni de orez Arborio
- 1 kg muschi de vita, feliat subtire
- 1 ceapa, tocata marunt
- 3 catei de usturoi, tocati
- 1 cană buchețele de broccoli
- 1 ardei gras rosu, taiat cubulete
- 4 cesti supa de vita
- 1 lingurita sos de soia
- Un praf de fire de sofran
- Sare si piper dupa gust
- 1/4 cană ulei de măsline

INSTRUCȚIUNI:
a) Într-o tigaie pentru paella, încălziți ulei de măsline la foc mediu. Adăugați ceapa și usturoiul tocate; se caleste pana se inmoaie.
b) Adăugați mușchiul de vită feliat subțire și gătiți până se rumenește.
c) Se amestecă orezul Arborio, ungându-l cu ulei și amestecând cu carnea de vită.
d) Adauga buchetele de broccoli si ardeiul gras rosu taiat cubulete. Se toarnă în bulion de vită.
e) Asezonați cu sos de soia, fire de șofran, sare și piper.
f) Gatiti pana cand orezul este aproape gata. Acoperiți tigaia și lăsați-o să fiarbă până când orezul este complet fiert.
g) Se serveste fierbinte.

PAELLA VEGETARIANA

65. Paella vegetariană la grătar

INGREDIENTE:
PENTRU PAELLA VEGETARIANĂ LA GRĂTAR:
- Ulei de măsline (pentru gătit)
- 4 căni de orez basmati
- 5 salote mari, tocate
- 1 lingura de usturoi tocat
- 1 lingura de ghimbir tocat
- Sarat la gust
- Piper negru proaspăt măcinat, după gust
- ½ lingură turmeric
- 6 cani de supa de legume
- 4 cesti de legume amestecate la gratar in cubulete de ½ inch (de exemplu, dovlecei, vinete, ardei gras rosu, ceapa rosie, fenicul, gratar cu ulei de masline, sare si piper)

PENTRU ROMÂNIA DE BUSUOC-ROSII:
- 1 legătură de busuioc thailandez (aproximativ 2 căni de frunze culese)
- 3 roșii moștenire, tăiate julien (diferite tipuri și culori dacă este posibil)
- 1 ceapa rosie, taiata felii
- 1 jalapeño, tocat
- ¼ cană oțet balsamic
- 1 lingura otet negru chinezesc
- ¼ cană ulei de măsline extravirgin
- Sarat la gust
- Piper negru proaspăt măcinat, după gust

INSTRUCȚIUNI:
PENTRU PAELLA VEGETARIANĂ LA GRĂTAR:
a) Într-o tigaie rezistentă la cuptor, încălziți puțin ulei de măsline și prăjiți orezul Basmati, șalota tocată, usturoiul și ghimbirul timp de 4 până la 6 minute.
b) Asezonați cu sare și piper negru proaspăt măcinat. Adăugați turmericul și amestecați încă 2 minute.
c) Se toarnă supa de legume și se adaugă amestecul de legume la grătar. Verificați condimentele.
d) Acoperiți tigaia și coaceți într-un cuptor preîncălzit la 350 de grade Fahrenheit (175 ° C) timp de 1 oră sau până când orezul a absorbit complet bulionul.
e) Pufează paella cu o furculiță și verifică din nou condimentul.

PENTRU ROMÂNIA DE BUSUOC-ROSII:
f) Într-un castron, combinați frunzele de busuioc thailandez, roșiile moștenire tăiate julien, ceapa roșie feliată și jalapeño tocat.
g) Într-un castron separat, amestecați oțetul balsamic, oțetul negru chinezesc și uleiul de măsline extravirgin. Asezonați cu sare și piper negru proaspăt măcinat după gust.
h) Se toarnă dressingul peste amestecul de busuioc-roșii și se amestecă. Verificați aroma și lăsați salata deoparte la temperatura camerei.

PENTRU PLACARE:
i) Servește paella vegetariană la grătar în tigaie, iar deasupra se stropește salată de busuioc și roșii.

66. Paella cu tofu afumat

INGREDIENTE:
- 1 pachet Cauldron Smoked Tofu, tăiat în 32 de triunghiuri
- 5 linguri ulei de masline
- 18 uncii legume amestecate, tăiate în bucăți de 1 inch/2 cm (de exemplu, ardei, porumb dulce, broccoli, ciuperci)
- 5 uncii Ceapă, tocată
- 5 uncii Morcov, tăiat în bastoane de 1 inch/2 cm
- 2 lingurite de usturoi, zdrobit
- ½ chili verde blând, tocat mărunt
- 1 uncie orez brun
- 1 litru de vin alb
- 1 galță supă de legume ușoară, dublă
- 5 uncii de roșii, decojite și tocate
- 3 uncii măsline negre fără sâmburi, feliate
- 2 frunze de dafin
- 2 linguri tarhon proaspat tocat (sau 1 lingurita/5ml uscat)
- 1 lingura de salvie proaspata tocata
- 2 linguri patrunjel tocat
- Sare si piper negru
- 1 lămâie, tăiată în 8 felii

INSTRUCȚIUNI:
a) Într-o tigaie antiaderentă, prăjiți tofuul afumat în ulei de măsline la foc mediu până devine maro deschis. Scoateți tofu-ul din tigaie.
b) Se mărește focul și se adaugă legumele amestecate în aceeași tigaie. Gatiti pana se rumenesc usor. Scoateți legumele din tigaie.
c) Puneți ceapa și morcovii în aceeași tigaie. Gatiti usor pana se inmoaie. Adăugați usturoiul, chili și orezul brun. Gatiti 1 minut.
d) Adăugați vinul alb, bulionul de legume, roșiile tocate, măslinele și foile de dafin. Se fierbe, acoperit, până când orezul este fiert (aproximativ 25 de minute). Adăugați mai mult lichid dacă este necesar în timpul gătirii.
E) Scoateți frunzele de dafin. Adăugați tofu, legumele și ierburile proaspete. Se condimentează cu sare, piper negru și suc de lămâie. Se ornează cu felii de lămâie.

67. Paella cu ciuperci și legume

INGREDIENTE:
- 2 linguri ulei de masline
- 2 morcovi medii, tăiați în felii de ¼ inch
- 1 coastă de țelină, tăiată în felii de ¼ inch
- 1 ceapa galbena medie, tocata
- 1 ardei gras roșu mediu, tăiat cubulețe de ½ inch
- 3 catei de usturoi, tocati
- 8 uncii de fasole verde, tăiată și tăiată în bucăți de 1 inch
- 1½ cani de fasole roșie închisă gătită
- Cutie de 14½ uncii de roșii tăiate cubulețe, scurse
- 2½ căni bulion de legume, de casă
- ½ lingurita maghiran uscat
- ½ linguriță de ardei roșu măcinat
- ½ linguriță de semințe de fenicul măcinat
- ¼ linguriță șofran sau turmeric
- ¾ cană de orez cu bob lung
- 2 căni de ciuperci stridii, ușor clătite și uscate
- Cutie de 14 uncii de inimioare de anghinare scurse și tăiate în sferturi

INSTRUCȚIUNI:
a) Într-o cratiță mare, încălziți uleiul la foc mediu. Adăugați morcovii, țelina, ceapa, ardeiul gras și usturoiul.
b) Acoperiți și gătiți timp de 10 minute.
c) Adăugați fasolea verde, fasolea, roșiile, bulionul, sare, oregano, ardeiul roșu măcinat, semințele de fenicul, șofranul și orezul. Acoperiți și fierbeți timp de 30 de minute.
d) Se amestecă ciupercile și inimile de anghinare. Gustați, ajustând condimentele, adăugând mai multă sare dacă este necesar.
e) Acoperiți și fierbeți încă 15 minute. Serviți imediat.

68. Paella cu porumb și piper

INGREDIENTE:

- 1 lingura ulei vegetal
- 1 ceapa, tocata marunt
- 2 catei de usturoi, tocati
- 1 cană de orez cu bob scurt
- ¼ de linguriță Turmeric
- 2 căni de bulion de legume cald
- ¼ lingurita Sare
- ¼ lingurita piper negru macinat
- 1 ardei roşu dulce
- 1 ardei verde dulce
- 2 roşii prune
- 1 ½ cană boabe de porumb proaspete
- Pătrunjel proaspăt, tocat pentru decor

INSTRUCȚIUNI:

a) Într-o tigaie mare antiaderentă sau o tigaie pentru paella, încălziți uleiul vegetal la foc mediu. Adăugați ceapa tocată, usturoiul tocat, orezul şi turmeric. Se caleste aproximativ 4 minute sau pana ce ceapa devine frageda.

b) Adăugați bulionul de legume cald, sarea şi piperul negru măcinat. Aduceți amestecul la fierbere, apoi reduceți focul, acoperiți şi lăsați-l să fiarbă timp de 10 minute.

c) În timp ce orezul fierbe, pregătiți ardeii tăiându-i în jumătate pe lungime, îndepărtând miezul şi membranele. Apoi, tăiați-le în jumătate în cruce şi feliați-le pe lungime în fâşii. Roşiile cu coajă şi tăiați-le în bucăți. Amestecați ardeii şi roşiile pregătite în tigaie, acoperiți şi gătiți încă 15 minute sau până când orezul este aproape fraged.

d) Adăugați boabele de porumb proaspete în tigaie, acoperiți şi continuați să gătiți aproximativ 5 minute sau până când lichidul s-a evaporat.

e) Pentru a servi se ornează paella cu pătrunjel proaspăt tocat. Savurați acest fel de mâncare cu un rulou crocant şi o salată crocantă marinată în lateral.

69. Paella cu broccoli, dovlecel și sparanghel

INGREDIENTE:
- 5 căni de bulion de legume
- ¼ cană ulei de măsline
- 1 roșie, tăiată cubulețe
- 1 ceapa mica, taiata cubulete
- 2 linguri de usturoi tocat
- Un praf de fire de sofran
- 2 căni de orez Arborio
- ½ cană de ciuperci, tăiate în sferturi
- ½ cană sparanghel tăiat felii
- ½ cană de dovlecel tăiat cubulețe
- ½ cană de dovleac galben tăiat cubulețe
- ½ cană ardei gras roșu tăiat cubulețe
- ¼ cană buchețele de broccoli

INSTRUCȚIUNI:
a) Aduceți supa de legume la fiert, apoi opriți focul.
b) Într-o cratiță mare, încălziți uleiul de măsline la foc mediu. Adăugați roșia tăiată cubulețe, ceapa și usturoiul tocat. Se călește până când ceapa devine translucidă, ceea ce ar trebui să dureze aproximativ 5 minute.
c) Se amestecă firele de șofran. Adăugați orezul Arborio și amestecați pentru a-l acoperi cu ulei.
d) Peste orez se pune bulionul de legume fierbinte până când acesta este acoperit. Se fierbe și se amestecă constant până când se absoarbe bulionul. Repetați acest proces până când se epuizează bulionul sau orezul este gătit până la o textură ușor al dente, care durează de obicei aproximativ 15-20 de minute.
e) Se amestecă ciupercile, sparanghelul, dovlecelul, dovleceii galbeni, ardeiul gras roșu și broccoli.
f) Opriți focul și acoperiți tigaia până când legumele sunt încălzite.

70. Paella cu anghinare și fasole

INGREDIENTE:
- 1 lingura ulei de masline sau vegetal
- 1 ceapa medie, tocata fin (aproximativ ½ cana)
- 2 catei de usturoi, tocati marunt
- 1 conserve bulion de legume
- 1 cană de orez cu bob lung obișnuit nefiert
- 1 cană mazăre verde congelată
- ½ linguriță de turmeric măcinat
- 2 picături Sos de ardei roșu
- 1 conserve de fasole roșu închis, clătită și scursă
- 1 borcan (6 uncii) inimioare de anghinare marinate, scurse

INSTRUCȚIUNI:
a) Într-o tigaie de 12 inchi, încălziți uleiul de măsline sau vegetal la foc mediu-mare. Gatiti ceapa tocata si usturoiul tocat marunt timp de aproximativ 3 pana la 4 minute, amestecand frecvent pana devin crocante si fragede.
b) Se amestecă bulionul de legume și orezul. Aduceți amestecul la fierbere, apoi reduceți focul. Acoperiți tigaia și lăsați-o să fiarbă timp de 15 minute.
c) Se amestecă ingredientele rămase, inclusiv mazărea verde congelată, turmeric măcinat, sosul de ardei roșu, fasole roșie închisă (clătită și scursă) și inimioarele de anghinare marinate scurse.
d) Gătiți neacoperit încă 5 până la 10 minute, amestecând din când în când, până când orezul și mazărea sunt fragede.

71. Paella cu ciuperci și anghinare

INGREDIENTE:
- 2 căni de orez Calasparra
- 1 ceapa, tocata marunt
- 3 catei de usturoi, tocati
- 1 cană de ciuperci amestecate, feliate
- 1 cană inimioare de anghinare, tăiate în sferturi
- 1 ardei gras rosu, taiat cubulete
- 4 căni de bulion de legume
- 1 lingurita de cimbru
- Un praf de fire de sofran
- Sare si piper dupa gust
- 1/4 cană ulei de măsline

INSTRUCȚIUNI:
a) Într-o tigaie pentru paella, încălziți ulei de măsline la foc mediu. Adăugați ceapa și usturoiul tocate; se caleste pana se inmoaie.
b) Se amestecă orezul Calasparra, ungendu-l cu ulei și amestecând cu ceapa și usturoiul.
c) Adăugați felii de ciuperci amestecate, inimioare de anghinare tăiate în sferturi și ardei gras roșu tăiat cubulețe.
d) Se toarnă bulion de legume și fire de șofran. Asezonați cu cimbru, sare și piper.
e) Gatiti pana cand orezul este aproape gata. Acoperiți tigaia și lăsați-o să fiarbă până când orezul este complet fiert.
f) Se serveste fierbinte.

72. Paella cu spanac și năut

INGREDIENTE:
- 2 căni de orez Arborio
- 1 ceapa, tocata marunt
- 3 catei de usturoi, tocati
- 2 cesti baby spanac
- 1 cutie de năut, scurs și clătit
- 1 ardei gras rosu, feliat
- 4 căni de bulion de legume
- 1 lingurita boia afumata
- Un praf de fire de sofran
- Sare si piper dupa gust
- 1/4 cană ulei de măsline

INSTRUCȚIUNI:
a) Într-o tigaie pentru paella, încălziți ulei de măsline la foc mediu. Adăugați ceapa și usturoiul tocate; se caleste pana se inmoaie.
b) Se amestecă orezul Arborio, ungându-l cu ulei și amestecând cu ceapa și usturoiul.
c) Adăugați spanac baby, năut și ardei gras roșu feliat.
d) Se toarnă bulion de legume și fire de șofran. Se condimentează cu boia afumată, sare și piper.
e) Gatiti pana cand orezul este aproape gata. Acoperiți tigaia și lăsați-o să fiarbă până când orezul este complet fiert.
f) Se serveste fierbinte.

73. Paella cu sparanghel și roșii

INGREDIENTE:
- 2 căni de orez Bomba
- 1 ceapa, tocata marunt
- 3 catei de usturoi, tocati
- 1 buchet sparanghel, taiat si taiat bucatele
- 1 cană de roșii cherry, tăiate la jumătate
- 1 ardei gras galben, feliat
- 4 căni de bulion de legume
- 1 lingurita coaja de lamaie
- Un praf de fire de sofran
- Sare si piper dupa gust
- 1/4 cană ulei de măsline

INSTRUCȚIUNI:
a) Într-o tigaie pentru paella, încălziți ulei de măsline la foc mediu. Adăugați ceapa și usturoiul tocate; se caleste pana se inmoaie.
b) Se amestecă orezul Bomba, ungendu-l cu ulei și amestecând cu ceapa și usturoiul.
c) Adăugați bucăți de sparanghel, roșii cherry tăiate în jumătate și ardei gras galben feliat.
d) Se toarnă bulion de legume și fire de șofran. Asezonați cu coaja de lămâie, sare și piper.
e) Gatiti pana cand orezul este aproape gata. Acoperiți tigaia și lăsați-o să fiarbă până când orezul este complet fiert.
f) Se serveste fierbinte.

74. Paella de vinete si masline

INGREDIENTE:
- 2 căni de orez Calasparra
- 1 ceapa, tocata marunt
- 3 catei de usturoi, tocati
- 1 vinete, taiata cubulete
- 1 cană măsline verzi, feliate
- 1 ardei gras rosu, taiat cubulete
- 4 căni de bulion de legume
- 1 lingurita boia afumata
- Un praf de fire de sofran
- Sare si piper dupa gust
- 1/4 cană ulei de măsline

INSTRUCȚIUNI:
a) Într-o tigaie pentru paella, încălziți ulei de măsline la foc mediu. Adăugați ceapa și usturoiul tocate; se caleste pana se inmoaie.
b) Se amestecă orezul Calasparra, ungendu-l cu ulei și amestecând cu ceapa și usturoiul.
c) Adăugați vinetele tăiate cubulețe, măslinele verzi feliate și ardeiul gras roșu tăiat cubulețe.
d) Se toarnă bulion de legume și fire de șofran. Se condimentează cu boia afumată, sare și piper.
e) Gatiti pana cand orezul este aproape gata. Acoperiți tigaia și lăsați-o să fiarbă până când orezul este complet fiert.
f) Se serveste fierbinte.

75. Paella cu broccoli și roșii uscate la soare

INGREDIENTE:
- 2 căni de orez Arborio
- 1 ceapa, tocata marunt
- 3 catei de usturoi, tocati
- 1 cap de broccoli, buchețele separate
- 1/2 cană roșii uscate la soare, feliate
- 1 ardei gras galben, taiat cubulete
- 4 căni de bulion de legume
- 1 lingurita oregano uscat
- Un praf de fire de sofran
- Sare si piper dupa gust
- 1/4 cană ulei de măsline

INSTRUCȚIUNI:
a) Într-o tigaie pentru paella, încălziți ulei de măsline la foc mediu. Adăugați ceapa și usturoiul tocate; se caleste pana se inmoaie.
b) Se amestecă orezul Arborio, ungându-l cu ulei și amestecând cu ceapa și usturoiul.
c) Adăugați buchețele de broccoli, roșiile uscate la soare feliate și ardeiul gras galben tăiat cubulețe.
d) Se toarnă bulion de legume și fire de șofran. Asezonați cu oregano uscat, sare și piper.
e) Gatiti pana cand orezul este aproape gata. Acoperiți tigaia și lăsați-o să fiarbă până când orezul este complet fiert.
f) Se serveste fierbinte.

76. Paella cu praz și ciuperci

INGREDIENTE:
- 2 căni de orez Bomba
- 2 praz, feliat
- 3 catei de usturoi, tocati
- 1 cană de ciuperci amestecate, feliate
- 1 ardei gras rosu, taiat cubulete
- 4 căni de bulion de legume
- 1 lingurita de cimbru
- Un praf de fire de sofran
- Sare si piper dupa gust
- 1/4 cană ulei de măsline

INSTRUCȚIUNI:
a) Într-o tigaie pentru paella, încălziți ulei de măsline la foc mediu. Adăugați prazul și usturoiul tăiat felii; se caleste pana se inmoaie.
b) Se amestecă orezul Bomba, ungendu-l cu ulei și amestecând cu prazul și usturoiul.
c) Adăugați ciupercile feliate, ardeiul gras roșu tăiat cubulețe și bulionul de legume.
d) Asezonați cu cimbru, fire de șofran, sare și piper.
e) Gatiti pana cand orezul este aproape gata. Acoperiți tigaia și lăsați-o să fiarbă până când orezul este complet fiert.
f) Se serveste fierbinte.

77. Paella de dovlecei și rodii

INGREDIENTE:
- 2 căni de orez Calasparra
- 1 ceapa, tocata marunt
- 3 catei de usturoi, tocati
- 1 dovleac butternut, taiat cubulete
- Seminte de 1 rodie
- 1 ardei gras portocala, feliat
- 4 căni de bulion de legume
- 1 lingurita scortisoara
- Un praf de fire de sofran
- Sare si piper dupa gust
- 1/4 cană ulei de măsline

INSTRUCȚIUNI:
a) Într-o tigaie pentru paella, încălziți ulei de măsline la foc mediu. Adăugați ceapa și usturoiul tocate; se caleste pana se inmoaie.
b) Se amestecă orezul Calasparra, ungendu-l cu ulei și amestecând cu ceapa și usturoiul.
c) Adăugați dovleceii tăiați cubulețe, semințele de rodie și ardeiul gras portocal tăiat felii.
d) Se toarnă bulion de legume și fire de șofran. Asezonați cu scorțișoară, sare și piper.
e) Gatiti pana cand orezul este aproape gata. Acoperiți tigaia și lăsați-o să fiarbă până când orezul este complet fiert.
f) Se serveste fierbinte.

78. Paella cu cartofi dulci și fasole neagră

INGREDIENTE:
- 2 căni de orez Bomba
- 1 ceapa, tocata marunt
- 3 catei de usturoi, tocati
- 2 cartofi dulci, tăiați cubulețe
- 1 cutie de fasole neagra, scursa si clatita
- 1 ardei gras rosu, feliat
- 4 căni de bulion de legume
- 1 lingurita chimen macinat
- Un praf de fire de sofran
- Sare si piper dupa gust
- 1/4 cană ulei de măsline

INSTRUCȚIUNI:
a) Într-o tigaie pentru paella, încălziți ulei de măsline la foc mediu. Adăugați ceapa și usturoiul tocate; se caleste pana se inmoaie.
b) Se amestecă orezul Bomba, ungendu-l cu ulei și amestecând cu ceapa și usturoiul.
c) Adăugați cartofi dulci tăiați cubulețe, fasole neagră și ardei gras roșu feliat.
d) Se toarnă bulion de legume și fire de șofran. Asezonați cu chimen măcinat, sare și piper.
e) Gatiti pana cand orezul este aproape gata. Acoperiți tigaia și lăsați-o să fiarbă până când orezul este complet fiert.
f) Se serveste fierbinte.

VARIAȚII REGIONALE

79. Paella din New Orleans

INGREDIENTE:
- 1 pui întreg (aproximativ 3 kg), tăiat în 12 bucăți
- 2 lingurițe sare
- 2 lingurițe de piper negru proaspăt măcinat
- ½ cană ulei de măsline
- 2 cani de ceapa tocata
- 1 cană ardei gras verde tocat
- 1 cana telina tocata
- 6 linguri de usturoi tocat
- 3 linguri de eșalotă tocată
- 1 ½ cană de cârnați andouille tocat (aproximativ 12 uncii)
- 3 căni de orez alb cu bob lung nefiert
- 1 ½ cană de roșii italiene decojite, fără semințe și mărunțite
- 1 lingura sos de ardei iute
- 9 frunze de dafin
- 3 linguri Esența lui Emeril (vezi nota de mai jos)
- ½ linguriță fire de șofran
- 6 căni de supă de pui
- 36 de scoici de gât, spălate
- 36 de midii, spălate și cu barbă
- 18 creveți medii (aproximativ ¾ de liră), în coajă
- ¼ cană pătrunjel tocat

PENTRU CRUTONE DE PARMEZAN:
- 4 felii de pâine albă veche (8 pe 8 pe 1)
- 1 cană maioneză preparată
- 1 cană parmezan ras
- Ierburi proaspete tocate
- Sarat la gust
- Piper negru proaspăt măcinat, după gust

INSTRUCȚIUNI:

a) Se presară uniform bucățile de pui cu sare și piper. Încinge uleiul de măsline într-o oală mare la foc mare. Adăugați puiul și rumeniți pe toate părțile, aproximativ 4 minute.
b) Adăugați ceapa, ardeiul gras, țelina, usturoiul, eșalota, cârnații și orezul. Se prăjește timp de 2 minute.
c) Se amestecă roșiile, sosul de ardei iute, foile de dafin, Esența Emeril și șofranul. Se fierbe timp de 1 minut.
d) Adăugați bulionul de pui, amestecați bine și aduceți la fierbere. Reduceți focul, acoperiți și fierbeți timp de 5 minute.
e) Adăugați scoici și fierbeți timp de 5 minute. Apoi, adăugați scoicile și creveții, acoperiți și gătiți timp de 3 minute. Asigurați-vă că toate cojile de scoici și scoici s-au deschis; aruncați orice care rămâne închis.
f) Pentru crutoanele cu ierburi cu parmezan: Preîncălziți cuptorul la 400 de grade. Tăiați pâinea pe lungime în jumătate, creând 8 triunghiuri mari. Combinați maioneza, parmezanul, ierburile, sarea și piperul. Întindeți amestecul pe crutoane și coaceți la cuptor până devin aurii, aproximativ 3 până la 4 minute.
g) Ornați paella cu pătrunjel proaspăt și puneți deasupra crutoanele înainte de servire.

80. Paella din Indiile de Vest

INGREDIENTE:

- 2½ kg pui, tăiat în 12 bucăți (tăiați pieptul în 4 bucăți)
- ⅓ cană ulei de măsline spaniol
- 1 ceapă medie, feliată
- 2 catei de usturoi, macinati
- 1 ardei verde, tăiat în bucăți de 1".
- ½ lingurita sare
- 1 cană de orez cu bob lung nefiert
- 1 cană de roșii înăbușite (sau la conserva), tăiate
- ¼ de kilogram de chorizo sau cârnați cu aromă de usturoi
- 1 duzină de creveți cruzi, decojiți și curățați (opțional)
- 1 cană supă de pui
- 1 cană de sherry spaniol
- ¼ linguriță de șofran spaniol (opțional)
- 1 pachet mazăre verde congelată sau inimioare de anghinare congelate (10 uncii)
- 1 duzină de midii (opțional)

INSTRUCȚIUNI:

a) Se spală și se usucă bucățile de pui. Rumeniți-le în ulei de măsline încălzit într-o tigaie mare până devin aurii pe toate părțile. Scoateți puiul din tigaie cu clești și puneți-l deoparte.

b) În picăturile din tigaie, adăugați ceapa tăiată felii, usturoiul zdrobit, piperul verde și sare. Se calesc pana se rumenesc usor. Adăugați șofran și sare, apoi fierbeți până când legumele sunt moi.

c) Adăugați orezul și amestecați pentru a-l acoperi uniform cu ulei. Întoarceți puiul în tigaie.

d) Adăugați bucățile de roșii, chorizo, supa de pui, sherry și creveții (dacă folosiți). Aduceți amestecul la fierbere, apoi reduceți focul și fierbeți, acoperit, amestecând ocazional, timp de aproximativ 20 de minute sau până când jumătate din lichid este absorbit.

e) Adăugați mazărea congelată sau anghinarea și fierbeți timp de aproximativ 15 minute, sau până când toate ingredientele sunt fragede și cea mai mare parte a lichidului este absorbită. Dacă folosiți midii, le puteți fierbe la abur în puțină apă până se deschid cojile și le puteți folosi ca garnitură.

81. Paella de orez Jollof din Africa de Vest

INGREDIENTE:

- Pui (1 pui intreg sau dupa dorinta)
- 6 cepe medii, tocate
- 6 ardei gras verzi, tocati
- Creveți (cantitatea dorită)
- ¾ cana morcovi tocati
- ¾ cană de fasole, ruptă în bucăți
- ¾ cană de mazăre
- 6 rosii, tocate
- 1 lingurita sare
- ½ linguriță de piper proaspăt măcinat
- 1 lingurita de cimbru zdrobit sau 1 lingurita de cimbru uscat
- 4 cani de orez (sau dupa dorinta)
- ¼ cană pastă de roșii (sau mai mult)
- Ulei pentru prajit
- 1 ½ linguriță de piper cayenne

INSTRUCȚIUNI:

a) Decojiți, dezosați și tăiați puiul în bucăți pătrate de 1 inch. Într-o oală grea sau într-o tigaie mare de fontă, rumeniți puiul în ulei.

b) Adăugați în oală ceapa tocată și ardeiul gras. Gatiti la foc mediu timp de 5 pana la 10 minute.

c) Într-o tigaie separată, căliți creveții într-o cantitate mică de ulei. Pregătiți morcovii, fasolea și mazărea (sau orice alte legume la alegere) până când sunt gata pe jumătate, ceea ce ar trebui să dureze aproximativ 5 minute. Scurgeți legumele prefierte.

d) Adăugați legumele prefierte în oala de pui, împreună cu creveții, roșiile tocate, sare, piper și cimbru. Reduceți focul la mic și fierbeți timp de 5 minute.

e) Combinați orezul cu pasta de roșii, asigurându-vă că pasta îmbracă boabele de orez fără a le îneca. Orezul trebuie să aibă o tentă portocalie; prea multă pastă de roșii o va face roșie. Se amestecă orezul acoperit în oală și se fierbe în continuare. Adăugați apă puțin după cum este necesar pentru a evita arderea.

f) Continuați să fierbeți până când carnea, orezul și legumele sunt fragede. Orezul tău Jollof este gata de servit.

82. Paella alla Valenciana

INGREDIENTE:

- 8 cani de supa de pui
- ½ linguriță de șofran
- ½ cană ulei de măsline extravirgin
- 1 iepure, tăiat în 8 bucăți
- 8 pulpe de pui
- 1 kilogram de chorizo, tăiat în 8 bucăți
- 1 ceapă spaniolă, tăiată cubulețe de ½ inch
- 1 ardei gras rosu, taiat cubulete de ½ inch
- 1 ardei gras verde, taiat cubulete de ½ inch
- 10 catei de usturoi, taiati felii subtiri
- 4 roșii, tăiate cubulețe de ½ inch, cu sucul și semințele rezervate
- 3 linguri boia spaniola
- ½ cană de mazăre, decojită
- ½ cană fasole ceară Romano, tăiată în lungimi de 1 inch
- 2 pimentos prăjiți, tăiați în fâșii de ½ inch
- 3 căni de orez Arborio spaniol sau italian cu bob scurt
- 24 de măsline verzi de Valencia

INSTRUCȚIUNI:

a) Se încălzește bulionul de pui cu șofran până la fierbere și se ține la cald.

b) Puneți o tigaie pentru paella de 18 până la 22 de inci pe foc deschis cu tăieturi de viță de vie, un grătar fierbinte sau două arzătoare pe o sobă.

c) Adăugați ½ cană de ulei în tigaie și încălziți-o. Se condimentează bucățile de iepure și puiul, se pun în tigaie, se rumenesc bine, apoi se scot.

d) Adaugă chorizo, ceapă, ardei verzi și roșu, usturoi, roșii, boia de ardei, mazăre, fasole și piment. Se amestecă la foc mediu timp de 4 până la 5 minute.

e) Adăugați orezul și amestecați-l timp de 3 până la 4 minute.

f) Se toarnă tot bulionul de pui și se pun în tigaie iepurele și bucățile de pui și măslinele. Gatiti fara a amesteca pana cand orezul este gata si lichidul este absorbit, ceea ce dureaza aproximativ 20 de minute.

83. Paella în stil mexican

INGREDIENTE:
- 1 broiler de pui întreg, tăiat
- 2 catei de usturoi
- ¼ cană ulei
- 1 kilogram de creveți cruzi
- 4 roșii mari, tăiate felii
- 1 kilogram de mazăre
- 12 inimioare de anghinare
- 1 ½ cană de orez brun
- 6 fire de sofran
- 1 cană ceapă tăiată cubulețe
- 1 ardei gras verde, taiat cubulete
- 1 ardei gras rosu, taiat cubulete
- 1 lingurita boia
- 1 cană de vin alb
- 2 căni de apă

INSTRUCȚIUNI:
a) Rumeniți puiul și usturoiul în ulei. Odată rumenite, scoateți bucățile de pui într-o caserolă mare.
b) Adăugați creveții, roșiile feliate, mazărea și inimioarele de anghinare în caserola.
c) În același ulei folosit pentru rumenirea puiului, căliți orezul brun, șofranul, ceapa tăiată cubulețe și ardeiul gras verde și roșu tăiați cubulețe timp de aproximativ 7 minute.
d) Adăugați orezul și legumele sotate în caserolă. Presărați boia de ardei peste ingrediente.
e) Se toarnă vinul alb și apă.
f) Coaceți vasul descoperit la 350 de grade Fahrenheit timp de aproximativ 1 oră sau până când orezul este complet fiert.

84. Paella spaniolă de coastă

INGREDIENTE:
- 1 pachet amestec de orez spaniol (6,8 uncii)
- 1 cutie de rosii (14½ uncii)
- 2 linguri ulei de masline
- 4 căni de ceapă galbenă, tăiată felii
- 1 ardei gras verde, feliat
- 6 uncii Creveți, decojiți și fierți
- 8 catei de usturoi, tocati
- 2 cani de mazare, congelata
- 2 linguri suc de lamaie
- 1 roșie, tăiată în felii
- 16 midii, în coajă
- 16 scoici, în coajă

INSTRUCȚIUNI:
a) Într-o cratiță mare, pregătiți amestecul de orez cu roșii conform instrucțiunilor de pe ambalaj, dar săriți peste utilizarea untului și folosiți în schimb 1 lingură de ulei de măsline pentru a rumeni amestecul de orez.
b) Într-o tigaie separată, căliți ceapa și ardeiul verde în 1 lingură rămasă de ulei de măsline până devin fragede.
c) Adăugați creveții fierți și usturoiul tocat în tigaie. Se caleste timp de aproximativ 3 minute la foc mediu.
d) Incorporati mazarea congelata si sucul de lamaie in amestecul de orez. Gatiti doar pana cand mazarea este incalzita.
e) Serviți orezul acoperit cu felii de roșii și crustacee opționale.
f) Pentru a pregăti crustaceele, combinați scoici și scoici cu ½ cană de apă. Acoperiți și aduceți la fierbere. Gatiti 5 minute sau pana se deschid cojile.
g) Aruncați orice crustacee care nu se deschide.

85. Pacific Paella

INGREDIENTE:
- 4 jumătăți de piept de pui dezosate și fără piele
- 1 lingurita boia
- 1 lingurita sare
- ¼ lingurita piper negru
- ¾ de kilograme de cârnați italieni blânzi
- 16 uncii de roșii conservate, scurse și tocate grosier (sau 20 de roșii uscate la soare, ambalate în ulei, scurse și tocate)
- 2 cutii de bulion de pui
- ½ linguriță de turmeric
- ¼ lingurita sofran
- 2 căni de orez
- 1 ceapă mare, tăiată felii
- 2 catei de usturoi, tocati
- 1 kilogram de creveți medii, decojiți, devenați și fierți
- 1 ardei verde, tăiat fâșii
- 10 midii, curatate si coapte la abur

INSTRUCȚIUNI:
a) Tăiați pieptul de pui în fâșii de ½ inch. Combinați boia, sarea și piper negru într-un castron mic. Adăugați puiul și amestecați până când toate condimentele sunt amestecate în carne.
b) Tăiați cârnații în bucăți de ¼ inch și îndepărtați carcasa.
c) Uscați roșiile complet cu un prosop de hârtie dacă folosiți roșii uscate la soare. Adăugați suficientă apă în bulionul de pui pentru a face 3-¾ căni. Aduceți acest amestec la fierbere într-o tigaie de 12 inchi.
d) Se amestecă turmeric, șofran, orez, ceapă, usturoi, pui, cârnați și roșii.
e) Acoperiți tigaia și fierbeți timp de 20 de minute.
f) Scoateți tigaia de pe foc și adăugați creveții fierți și ardeiul verde. Dacă doriți, acoperiți cu midii.
g) Lasă paella să stea acoperită până se absoarbe tot lichidul, aproximativ 5 minute.

86. catalan Paella

INGREDIENTE:
- 1 cană de orez cu bob lung
- ¼ cană ulei de măsline
- 4 bucati de pui
- 1 ceapă, feliată
- 10 mililitri de usturoi, tocat
- ¼ de kilogram de șuncă fiartă, tăiată fâșii
- ½ kilogram de pește alb ferm, tăiat în cuburi mari
- 12 creveți mari nefierți
- 1 ardei gras rosu, fara miez, fara samburi si tocat
- 2 pimentoane conservate, scurse si tocate
- 12 midii mari
- 1 cană mazăre verde fiartă
- 1 pachet mic de mazăre congelată, decongelată
- Un praf de sofran, inmuiat in 2 linguri de apa fierbinte timp de 30 de minute
- 2 ½ cani de supa de pui
- Sare si piper, dupa gust

INSTRUCȚIUNI:
Încinge uleiul de măsline într-o tigaie pentru paella sau într-o tigaie mare. Adăugați puiul și prăjiți ușor până se rumenește. Scoateți bucățile de pui și lăsați-le deoparte.

Adăugați în tigaie ceapa tăiată felii și usturoiul tocat și prăjiți până când ceapa devine transparentă. Apoi adăugați șunca și orezul și continuați să prăjiți amestecând până când orezul devine și el transparent. Se ia de pe foc.

Curățați și devenați creveții. Scoateți midiile sub jet de apă, aruncând toate cele deschise.

Se fierbe ardeiul rosu in apa clocotita timp de 1 minut.

Dacă bucățile de pui sunt mari, tăiați-le în jumătate. Aranjați pestele, ardeiul roșu, puiul și mazărea deasupra orezului din tigaie. Pune midiile jos în tigaie și așează creveții deasupra.

Adăugați lichidul infuzat cu șofran în bulionul de pui, apoi turnați bulionul peste toate ingredientele. Asezonați cu sare și piper.

Aduceți amestecul la fierbere, apoi reduceți focul și fierbeți ușor, neacoperit, timp de aproximativ 20 de minute sau până când lichidul este absorbit și toate ingredientele sunt fierte.

87. Paella în stil portughez

INGREDIENTE:

- 2 pui (2 kg fiecare), tăiați în 8 bucăți fiecare
- ½ cană ulei de măsline
- 1 kilogram de carne de porc slabă, tăiată în bucăți de 1 inch
- 2 cani de ceapa tocata
- 2 catei de usturoi, macinati
- ¼ lingurita piper negru
- 1 lingurita oregano
- 2 lingurite sare
- 2 căni de orez cu bob lung
- ½ linguriță de șofran
- 1 kilogram de cârnați italian
- 2 rosii de marime medie, tocate
- 1 frunză de dafin
- 3 cutii (10 ¾ uncii fiecare) de bulion de pui condensat
- 1 ½ kg de creveți mari, decojiți și devenați
- 1 pachet (10 uncii) mazăre congelată
- ½ borcan (4 uncii) pimentos
- 2 lămâi, tăiate în 8 felii

INSTRUCȚIUNI:

a) Ștergeți bucățile de pui cu un prosop de hârtie umed. Într-o tigaie mare, se încălzește uleiul de măsline și se rumenește puiul, cam 5 bucăți o dată, până devin aurii. Scoateți puiul rumenit și lăsați-l deoparte.
b) Adăugați cuburile de porc în tigaie și rumeniți-le bine pe toate părțile. Scoateți-le și lăsați-le deoparte.
c) Adăugați ceapa tocată, usturoiul zdrobit, piper negru și oregano la picurarea din tigaie. Se caleste aproximativ 5 minute pana ce ceapa devine aurie.
d) Adăugați sare, orez și șofran în tigaie. Gatiti in timp ce amestecati aproximativ 10 minute.
e) Între timp, într-o altă tigaie, rumeniți cârnații pe toate părțile, ceea ce ar trebui să dureze aproximativ 10 minute. Scurgeți cârnații și aruncați grăsimea. Tăiați cârnații în bucăți mici.
f) Puneți puiul rumenit, cârnații și carnea de porc într-o tigaie.
g) Preîncălziți cuptorul la 375 de grade.
h) Adăugați roșiile tocate, dafinul și bulionul de pui condensat la amestecul de orez din tigaie și aduceți-l la fiert. Adăugați creveții.
i) Turnați amestecul de orez uniform peste pui, porc și cârnați în tigaie. Se coace, acoperit ușor cu folie, timp de 1 oră.
j) După o oră, presară mazărea congelată deasupra paellei fără a amesteca. Dacă amestecul pare prea uscat, puteți adăuga ½ cană de apă. Coaceți încă 20 de minute.
k) Pentru a servi, întoarceți paella pe un platou rotund, încălzit sau pe o tigaie pentru paella. Se ornează cu pimentos și felii de lămâie.

88. Paella de sud-vest

INGREDIENTE:
- 2 pui, tăiați bucăți de servire
- 2 lingurite sare
- 1 lingurita boia
- 1 cană de făină
- 1 cană ulei
- ½ cană apă
- 1 kilogram de șuncă, tăiată în bucăți mici
- 1 ceapa medie, tocata
- 1 cană ardei gras, tocat
- 2 roșii medii, tăiate felii
- 4 linguri ulei vegetal
- 3 căni de orez, de preferință italian
- 2 cutii (16 uncii) mazăre, scursă (păstrează sucul)
- Supă de pui
- ½ linguriță de șofran
- 2 lingurite sos de ardei iute
- Sare
- 1 kilogram de creveți, scoici, scoici sau scoici fierte
- 2 uncii piment feliat în borcan

INSTRUCȚIUNI:

a) Devreme, agitați puiul într-o pungă care conține un amestec de sare, boia de ardei și făină.
b) Rumeniți bine puiul înfăinat în două tigaie cu ¼ de cană de ulei în fiecare. Adăugați ¼ de cană de apă în fiecare tigaie și gătiți puiul timp de 30 de minute.
c) Scoateți puiul și rumeniți șunca în uleiul rămas. Pune-o deoparte.
d) Mai târziu în cursul zilei, într-o tigaie curată, căliți ceapa, ardeiul gras și roșiile în 4 linguri de ulei până când ceapa devine galbenă.
e) Scoateți amestecul de ceapă și rumeniți orezul în uleiul rămas, adăugând mai mult ulei dacă este necesar.
f) Cand orezul este rumenit, adauga amestecul de ceapa, lichidul din mazare, plus supa de pui sau apa pentru a face 6 cani. Adăugați șofranul, sosul de ardei iute și sare.
g) Gătiți orezul până nu este prea gătit.
h) Pune orezul într-un recipient mare și plat și aranjează deasupra puiul și șunca.
i) Acoperiți și gătiți într-un cuptor la 325°F timp de aproximativ 30 de minute, urmărind orezul.
j) Descoperiți și împrăștiați mazăre, fructe de mare și pimiento peste orez. Se încălzește bine și se servește.

89. Aragon Paella de munte

INGREDIENTE:
- 2 căni de orez Bomba
- 1/2 kilogram de miel, tăiat în bucăți
- 1/2 kilogram iepure, tăiat în bucăți
- 1/2 kg cârnați de porc, feliați
- 1 ceapa, tocata marunt
- 1 ardei gras rosu, feliat
- 1 rosie, rasa
- 1/2 cană de fasole verde, tăiată și tăiată la jumătate
- 1 lingurita boia afumata
- 1/2 linguriță fire de șofran
- 4 cesti supa de pui sau legume
- Sare si piper dupa gust
- 1/4 cană ulei de măsline

INSTRUCȚIUNI:
a) Într-o tigaie pentru paella, încălziți ulei de măsline la foc mediu. Adăugați ceapa tocată și gătiți până se înmoaie.
b) Adăugați cârnați de miel, iepure și porc; maro pe toate părțile.
c) Adăugați roșia rasă și gătiți până se formează un sofrito.
d) Amestecați orezul Bomba, acoperindu-l cu sofrito.
e) Adăugați ardeiul gras roșu și fasolea verde.
f) Presărați boia afumată și fire de șofran peste orez.
g) Se toarnă în bulion de pui sau de legume și se condimentează cu sare și piper.
h) Gatiti pana cand orezul este aproape gata. Acoperiți tigaia și lăsați-o să fiarbă până când orezul este complet fiert.
i) Lăsați paella să se odihnească câteva minute înainte de servire.

90. Paella bască cu fructe de mare (Marmitako)

INGREDIENTE:

- 2 căni de orez Bomba
- 1 kg de ton, tăiat în bucăți
- 1 ceapa, tocata marunt
- 2 catei de usturoi, tocati
- 1 ardei gras rosu, feliat
- 1 ardei gras verde, feliat
- 4 cesti supa de peste sau fructe de mare
- 1/2 cană vin alb sec
- 1/2 lingurita ardei de Espelette sau boia de ardei
- 1 frunză de dafin
- Sare si piper dupa gust
- 1/4 cană ulei de măsline

INSTRUCȚIUNI:

a) Într-o tigaie pentru paella, încălziți ulei de măsline la foc mediu. Adăugați ceapa și usturoiul tocate; se caleste pana se inmoaie.
b) Adăugați bucăți de ton și gătiți până se rumenesc pe toate părțile.
c) Amestecați orezul Bomba, acoperindu-l cu ulei și amestecând cu ceapa, usturoiul și tonul.
d) Adaugă ardei gras roșu și verde feliat.
e) Se toarnă bulion de pește sau fructe de mare și vin alb. Asezonați cu ardei de Espelette sau boia de ardei, foi de dafin, sare și piper.
f) Gatiti pana cand orezul este aproape gata. Acoperiți tigaia și lăsați-o să fiarbă până când orezul este complet fiert.
g) Lăsați paella să se odihnească câteva minute înainte de servire.

91. Arroz a Banda - din Alicante

INGREDIENTE:
- 2 căni de orez Bomba
- 1 kg de sepie sau calamar mici, curățate și tăiate felii
- 1 ceapa, tocata marunt
- 2 catei de usturoi, tocati
- 1/2 cana rosii tocate
- 1/2 cană vin alb sec
- 4 cesti supa de peste sau fructe de mare
- 1 lingurita boia dulce
- Un praf de fire de sofran
- Sare si piper dupa gust
- 1/4 cană ulei de măsline

INSTRUCȚIUNI:
a) Într-o tigaie pentru paella, încălziți ulei de măsline la foc mediu. Adăugați ceapa și usturoiul tocate; se caleste pana se inmoaie.
b) Adaugati sepia sau calmarul feliat si gatiti pana incepe sa se coloreze.
c) Amestecați orezul Bomba, acoperindu-l cu ulei și amestecând cu ceapa, usturoiul și fructele de mare.
d) Adăugați roșiile tăiate și gătiți până formează un sofrito.
e) Se toarnă vin alb și se lasă să se reducă.
f) Adăugați bulion de pește sau fructe de mare, boia dulce, fire de șofran, sare și piper.
g) Gatiti pana cand orezul este aproape gata. Acoperiți tigaia și lăsați-o să fiarbă până când orezul este complet fiert.
h) Lăsați paella să se odihnească câteva minute înainte de servire.

92. Paella sefardă cu fructe de mare (Arroz de Pesaj)

INGREDIENTE:
- 2 căni de orez Bomba
- 1/2 kilogram de halibut sau cod, tăiat în bucăți
- 1/2 kg de creveți, decojiți și devenați
- 1/2 kilogram de calamari, curățați și tăiați felii
- 1 ceapa, tocata marunt
- 2 roșii, răzuite
- 4 cesti supa de peste sau fructe de mare
- 1/2 cană vin alb sec
- 1/2 lingurita de chimen macinat
- Un praf de fire de sofran
- Sare si piper dupa gust
- 1/4 cană ulei de măsline

INSTRUCȚIUNI:
a) Într-o tigaie pentru paella, încălziți ulei de măsline la foc mediu. Adăugați ceapa tocată și gătiți până se înmoaie.
b) Adăugați bucăți de halibut sau cod, creveți și calamari tăiați felii; gătiți până când fructele de mare încep să se coloreze.
c) Amestecați orezul Bomba, acoperindu-l cu ulei și amestecând cu ceapa și fructele de mare.
d) Adăugați roșiile rase și gătiți până formează un sofrito.
e) Se toarnă vin alb și se lasă să se reducă.
f) Adăugați bulion de pește sau fructe de mare, chimen măcinat, fire de șofran, sare și piper.
g) Gatiti pana cand orezul este aproape gata. Acoperiți tigaia și lăsați-o să fiarbă până când orezul este complet fiert.
h) Lăsați paella să se odihnească câteva minute înainte de servire.

PAELLA DE FRUCTE

93. Paella cu mango și caju

INGREDIENTE:
- 2 căni de orez Bomba
- 1 ceapa, tocata marunt
- 3 catei de usturoi, tocati
- 1 mango copt, tăiat cubulețe
- 1 cană caju
- 1 ardei gras rosu, feliat
- 4 căni de bulion de legume
- 1 lingurita praf de curry
- Un praf de fire de sofran
- Sare si piper dupa gust
- 1/4 cană ulei de măsline

INSTRUCȚIUNI:
a) Într-o tigaie pentru paella, încălziți ulei de măsline la foc mediu. Adăugați ceapa și usturoiul tocate; se caleste pana se inmoaie.
b) Se amestecă orezul Bomba, ungendu-l cu ulei și amestecând cu ceapa și usturoiul.
c) Adăugați mango tăiat cubulețe, caju și ardei gras roșu feliat.
d) Se toarnă bulion de legume și fire de șofran. Asezonați cu pudră de curry, sare și piper.
e) Gatiti pana cand orezul este aproape gata. Acoperiți tigaia și lăsați-o să fiarbă până când orezul este complet fiert.
f) Se serveste fierbinte.

94. Paella de ananas și nucă de cocos

INGREDIENTE:
- 2 căni de orez Calasparra
- 1 ceapa, tocata marunt
- 3 catei de usturoi, tocati
- 1 cană bucăți de ananas
- 1 cană lapte de cocos
- 1 ardei gras rosu, taiat cubulete
- 4 căni de bulion de legume
- 1 lingurita turmeric
- Un praf de fire de sofran
- Sare si piper dupa gust
- 1/4 cană ulei de măsline

INSTRUCȚIUNI:

a) Într-o tigaie pentru paella, încălziți ulei de măsline la foc mediu. Adăugați ceapa și usturoiul tocate; se caleste pana se inmoaie.

b) Se amestecă orezul Calasparra, ungendu-l cu ulei și amestecând cu ceapa și usturoiul.

c) Adăugați bucăți de ananas, lapte de cocos și ardei gras roșu tăiat cubulețe.

d) Se toarnă bulion de legume și fire de șofran. Asezonați cu turmeric, sare și piper.

e) Gatiti pana cand orezul este aproape gata. Acoperiți tigaia și lăsați-o să fiarbă până când orezul este complet fiert.

f) Se serveste fierbinte.

95. Paella cu portocale și migdale

INGREDIENTE:

- 2 căni de orez Arborio
- 1 ceapa, tocata marunt
- 3 catei de usturoi, tocati
- Coaja si sucul a 2 portocale
- 1 cană migdale feliate
- 1 ardei gras portocala, feliat
- 4 căni de bulion de legume
- 1 lingurita coriandru macinat
- Un praf de fire de sofran
- Sare si piper dupa gust
- 1/4 cană ulei de măsline

INSTRUCȚIUNI:

a) Într-o tigaie pentru paella, încălziți ulei de măsline la foc mediu. Adăugați ceapa și usturoiul tocate; se caleste pana se inmoaie.

b) Se amestecă orezul Arborio, ungându-l cu ulei și amestecând cu ceapa și usturoiul.

c) Adăugați coaja de portocale, sucul de portocale, migdalele feliate și ardeiul gras portocal feliat.

d) Se toarnă bulion de legume și fire de șofran. Se condimentează cu coriandru măcinat, sare și piper.

e) Gatiti pana cand orezul este aproape gata. Acoperiți tigaia și lăsați-o să fiarbă până când orezul este complet fiert.

f) Se serveste fierbinte.

96. Paella cu mere și stafide

INGREDIENTE:
- 2 căni de orez Bomba
- 1 ceapa, tocata marunt
- 3 catei de usturoi, tocati
- 2 mere, tăiate cubulețe
- 1/2 cană stafide
- 1 ardei gras galben, taiat cubulete
- 4 căni de bulion de legume
- 1 lingurita scortisoara
- Un praf de fire de sofran
- Sare si piper dupa gust
- 1/4 cană ulei de măsline

INSTRUCȚIUNI:
a) Într-o tigaie pentru paella, încălziți ulei de măsline la foc mediu. Adăugați ceapa și usturoiul tocate; se caleste pana se inmoaie.
b) Se amestecă orezul Bomba, ungendu-l cu ulei și amestecând cu ceapa și usturoiul.
c) Adăugați mere tăiate cubulețe, stafide și ardei gras galben tăiat cubulețe.
d) Se toarnă bulion de legume și fire de șofran. Asezonați cu scorțișoară, sare și piper.
e) Gatiti pana cand orezul este aproape gata. Acoperiți tigaia și lăsați-o să fiarbă până când orezul este complet fiert.
f) Se serveste fierbinte.

97. Paella de smochine și nuci

INGREDIENTE:
- 2 căni de orez Calasparra
- 1 ceapa, tocata marunt
- 3 catei de usturoi, tocati
- 1 cană smochine proaspete, tăiate în sferturi
- 1/2 cana nuci, tocate
- 1 ardei gras rosu, feliat
- 4 căni de bulion de legume
- 1 lingurita de cimbru uscat
- Un praf de fire de sofran
- Sare si piper dupa gust
- 1/4 cană ulei de măsline

INSTRUCȚIUNI:
a) Într-o tigaie pentru paella, încălziți ulei de măsline la foc mediu. Adăugați ceapa și usturoiul tocate; se caleste pana se inmoaie.
b) Se amestecă orezul Calasparra, ungendu-l cu ulei și amestecând cu ceapa și usturoiul.
c) Adaugati smochine proaspete taiate in patru, nuca tocata si ardei gras rosu feliat.
d) Se toarnă bulion de legume și fire de șofran. Asezonați cu cimbru uscat, sare și piper.
e) Gatiti pana cand orezul este aproape gata. Acoperiți tigaia și lăsați-o să fiarbă până când orezul este complet fiert.
f) Se serveste fierbinte.

98. Paella cu pere și gorgonzola

INGREDIENTE:
- 2 căni de orez Arborio
- 1 ceapa, tocata marunt
- 3 catei de usturoi, tocati
- 2 pere coapte, tăiate cubulețe
- 1/2 cană brânză Gorgonzola, mărunțită
- 1 ardei gras galben, taiat cubulete
- 4 căni de bulion de legume
- 1 lingurita rozmarin
- Un praf de fire de sofran
- Sare si piper dupa gust
- 1/4 cană ulei de măsline

INSTRUCȚIUNI:
a) Într-o tigaie pentru paella, încălziți ulei de măsline la foc mediu. Adăugați ceapa și usturoiul tocate; se caleste pana se inmoaie.
b) Se amestecă orezul Arborio, ungându-l cu ulei și amestecând cu ceapa și usturoiul.
c) Adaugă pere coapte tăiate cubulețe, brânză Gorgonzola mărunțită și ardei gras galben tăiat cubulețe.
d) Se toarnă bulion de legume și fire de șofran. Asezonați cu rozmarin, sare și piper.
e) Gatiti pana cand orezul este aproape gata. Acoperiți tigaia și lăsați-o să fiarbă până când orezul este complet fiert.
f) Se serveste fierbinte.

99. Paella cu zmeură și brie

INGREDIENTE:
- 2 căni de orez Bomba
- 1 ceapa, tocata marunt
- 3 catei de usturoi, tocati
- 1 cană zmeură proaspătă
- 1/2 cană brânză Brie, tăiată cubulețe
- 1 ardei gras portocala, feliat
- 4 căni de bulion de legume
- 1 lingurita otet balsamic
- Un praf de fire de sofran
- Sare si piper dupa gust
- 1/4 cană ulei de măsline

INSTRUCȚIUNI:
a) Într-o tigaie pentru paella, încălziți ulei de măsline la foc mediu. Adăugați ceapa și usturoiul tocate; se caleste pana se inmoaie.
b) Se amestecă orezul Bomba, ungendu-l cu ulei și amestecând cu ceapa și usturoiul.
c) Adăugați zmeură proaspătă, brânză Brie tăiată cubulețe și ardei gras portocal feliat.
d) Se toarnă bulion de legume și fire de șofran. Se condimentează cu oțet balsamic, sare și piper.
e) Gatiti pana cand orezul este aproape gata. Acoperiți tigaia și lăsați-o să fiarbă până când orezul este complet fiert.
f) Se serveste fierbinte.

100. Paella cu kiwi și nuci de macadamia

INGREDIENTE:
- 2 căni de orez Calasparra
- 1 ceapa, tocata marunt
- 3 catei de usturoi, tocati
- 2 kiwi, decojite și tăiate cubulețe
- 1/2 cană nuci de macadamia, tocate
- 1 ardei gras verde, taiat cubulete
- 4 căni de bulion de legume
- 1 lingurita coaja de lime
- Un praf de fire de sofran
- Sare si piper dupa gust
- 1/4 cană ulei de măsline

INSTRUCȚIUNI:

a) Într-o tigaie pentru paella, încălziți ulei de măsline la foc mediu. Adăugați ceapa și usturoiul tocate; se caleste pana se inmoaie.

b) Se amestecă orezul Calasparra, ungendu-l cu ulei și amestecând cu ceapa și usturoiul.

c) Adăugați fructe de kiwi tăiate cubulețe, nuci de macadamia tocate și ardei gras verde tăiat cubulețe.

d) Se toarnă bulion de legume și fire de șofran. Se condimentează cu coaja de lămâie, sare și piper.

e) Gatiti pana cand orezul este aproape gata. Acoperiți tigaia și lăsați-o să fiarbă până când orezul este complet fiert.

f) Se serveste fierbinte.

CONCLUZIE

Pe măsură ce ajungem la ultimele pagini din „Orez, condimente și tot ce este frumos: Biblia Paella", sperăm că v-ați bucurat de aventura în inima excelenței culinare spaniole. Indiferent dacă ați recreat paella clasice sau ați experimentat variante inovatoare, avem încredere că papilele dumneavoastră gustative au savurat esența Spaniei.

Amintiți-vă, paella este mai mult decât un simplu fel de mâncare; este o sărbătoare a culturii, o mărturie a bucuriilor de a împărtăși și o pânză pentru creativitatea ta culinară. Pe măsură ce vă continuați explorările culinare, fie ca aromele Spaniei să rămână în bucătăria dvs. și spiritul paellei să vă îmbogățească eforturile de gătit.

Vă mulțumim că v-ați alăturat nouă în această călătorie gastronomică. Fie ca paella-urile tale să fie mereu umplute cu orez, condimente și tot ce este frumos. Bucurați-vă!

www.ingramcontent.com/pod-product-compliance
Lightning Source LLC
LaVergne TN
LVHW021702060526
838200LV00050B/2476